"一带一路"
投资绿色成本与收益核算

丛书主编　王　文　翟永平
执行主编　曹明弟
主　　编　莫凌水

人民出版社

前　言

　　绿色发展是中国经济转型的必由之路。党的十九大报告明确提出"建设生态文明是中华民族永续发展的千年大计",要求"实行最严格的生态环境保护制度,形成绿色发展方式和生活方式"。"十三五"规划把绿色发展作为国家五大发展理念之一。绿色发展也是"一带一路"沿线国家可持续发展的需要。"一带一路"沿线国家多为发展中国家和新兴经济体,普遍面临工业化和城镇化过程带来的环境污染、生态退化等多重压力,加快转型、推动绿色发展的诉求不断增强。联合国《2030年可持续发展议程》和联合国气候变化框架下的《巴黎协定》的通过及实施表明了全球走绿色低碳、可持续发展的道路的共识。

绿色发展的理念充分体现在"一带一路"的顶层设计中。《推动共建丝绸之路经济带和21世纪海上丝绸之路的愿景与行动》(以下简称共建"一带一路"愿景与行动文件)强调在"一带一路"建设中要践行绿色发展的新理念,倡导绿色、低碳、循环、可持续的生产生活方式,加强生态环保合作,建设生态文明,共同实现2030年可持续发展目标。"一带一路"绿色发展的原则体现中国政府的承诺。2017年5月,国家出台了《关于推进绿色"一带一路"建设的指导意见》,提出了绿色"一带一路"建设的总体要求和主要任务。绿色"一带一路"建设是中国参与全球环境治理、推动绿色发展理念的重要实践,在"一带一路"推动绿色技术投资是一个重要契机。加快国内产业结构升级优化和经济发展方式的转变,中国企业在"一带一路"投资中需要秉承绿色发展的理念。

绿色技术投资通常投资成本高、技术风险大、投资回收期长,同时绿色技术投资具有绿色成本内化和绿色效益外化的特点,这些特点造成绿色技术投资成本高、回报率低。绿色技术投资成本、风险和收益的不匹配使投资者缺乏投资绿色技术的动力。当前解决绿色技术投资成本高、收益率低的问题主要是通过财政和绿色金融手段,如财政补贴和税收减免、银行贴息的方式来解决,这种方式的弊端一是增加政府的财政压力,二是不能发挥市场主体对绿色技术投资的主动性,三是不利于限制排放和鼓励绿色的消费模式。依靠政府"有形的手"来推动绿色技术投资也不是一种可持续的方式。绿色金融提供了创新性的绿色金融工具,为绿色技术投资提供多样化的融资渠道,然而绿色技术投资成本和收益的不匹配、额外成本内部化和环境效益外化的矛盾长期困扰绿色技术投资的问题并没有从根本上得到解决。

　　绿色技术投资存在的困难不仅是在中国,也是中国企业在"一带一路"国家的绿色投资所面临的问题,解决绿色技术投资的障碍将有助于进一步促进国内的绿色技术投资,加快绿色发展的步伐和扩大中国在"一带一路"建设中的绿色投资,助力绿色"一带一路"的建设,为绿色金融发展创造持续的需求。

　　基于上述背景和考虑,本书以发挥市场主体在绿色技术投资的作用为目的,从产业和企业的角度,探讨解决绿色技术投资绿色额外成本分摊和绿色收益分享的市场机制。本书一共分为五章,第一章由创绿研究院白韫雯执笔,第二、第三、第四和第五章由莫凌水执笔。第一章介绍中国在"一带一路"投资的现状和趋势、绿色技术投资的基本原则、以及重点行业绿色技术投资的潜力和重点内容;第二章探析绿色技术投资额外成本的来源、构成和量化方法;第三章提出绿色额外成本和绿色收益的分配方法及其对项目投资评估的影响;第四章是绿色额外成本、绿色收益量化和分配方法应用案例研究,项目案例选取着眼于中国企业在"一带一路"投资的重点行业的绿色技术投资项目类型。第五章介绍了现有解决绿色技术额外成本的方法,并探讨了进一步构建绿色技术投资额外成本分摊、绿色收益分享的市场机制的必要性、合理性分析、构建的思路及政策建议。

目　录

1

第 一 章

"一带一路"绿色技术投资

第一节 "一带一路"对外投资的区域及行业情况

"一带一路"倡议以中国为起点,涵盖了超过 64 个国家在内 62%的世界人口①,35%的全球贸易总量②。共建"一带一路"为沿线国家的经济发展提供了新机遇,对中国增强与周边国家的贸易、

---

① 国家信息中心:《"一带一路"贸易合作大数据报告 2017》,2017 年,第 1 页。
② 雷博国际会计:《"一带一路"倡议》,2017 年,第 2 页。

投资合作具有现实性与可行性。随着 2013 年"一带一路"倡议被正式提出,中国关于"一带一路"的对外投资在总量与比重上也在不断攀升。从商务部的数据来看,中国近十余年来对外直接投资持续增长,逐年创下新高。2015 年对外直接投资流量首次位列全球第二,占全球比重提升到 9.9%。2016 年,国家积极推动"一带一路"建设,稳步开展国际产能合作,当年对外直接投资流量创下 1961.5 亿美元的历史最高值,同比增长 34.7%,蝉联全球第二位。[①]

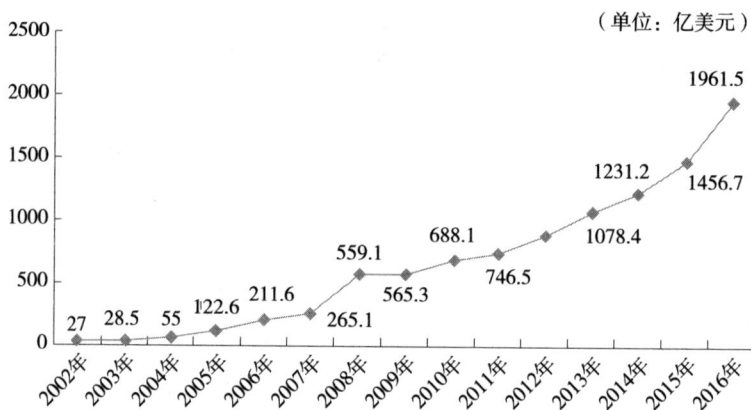

（单位：亿美元）

图 1 2002—2016 年中国对外直接投资流量情况

注:数据来源于《中国对外直接投资统计公报》。

从地区看,中国对外直接投资存量分布在全球的 188 个国家及地区,占全球国家及地区总数的 80.7%。中国在亚洲国家的投

---

① 商务部、国家统计局、国家外汇管理局:《2016 年中国对外直接投资统计公报》,2016 年,第 3 页。

资占绝对优势,其中东南亚、南亚地区直接投资流量超过 80 亿美元,达到中国对"一带一路"沿线国家直接投资的 50%以上,并在近五年呈逐年上升的趋势。2015 年年末,中国对"一带一路"沿线直接投资存量位列前十的国家是:新加坡、俄罗斯、印度尼西亚、哈萨克斯坦、老挝、阿联酋、缅甸、巴基斯坦、蒙古、柬埔寨①。东南亚、南亚等发展中国家与中国地理位置临近、文化相通,长期以来同中国的外交关系总体良好,是中国企业对外投资合作的重要市场。随着中国"一带一路"建设的不断推进,中国对此区域的投资合作发展空间也在不断深入和扩大。

从行业看,截至 2016 年末②,除金融、租赁与商务服务、房地产等第三产业服务业外,中国对外直接投资第二产业主要集中在采矿业,投资存量为 1528.7 亿美元,占第二产业的 47.1%;制造业1079 亿美元,占 35%;建筑业 324 亿美元,占 10.5%;电力、热力、燃气及水的生产和供应业为 228 亿美元,占 7.4%。2012—2016年期间,采矿业、建筑业、电力、水利及公共设施等行业对外投资额逐年增加。图 2 至图 4 展示了这些行业对外直接投资存量的变化情况。

---

① 商务部、国家统计局、国家外汇管理局:《2015 年中国对外直接投资统计公报》,2015 年,第 14 页。

② 商务部、国家统计局、国家外汇管理局:《2016 年中国对外直接投资统计公报》,2016 年,第 26 页。

数额/亿美元

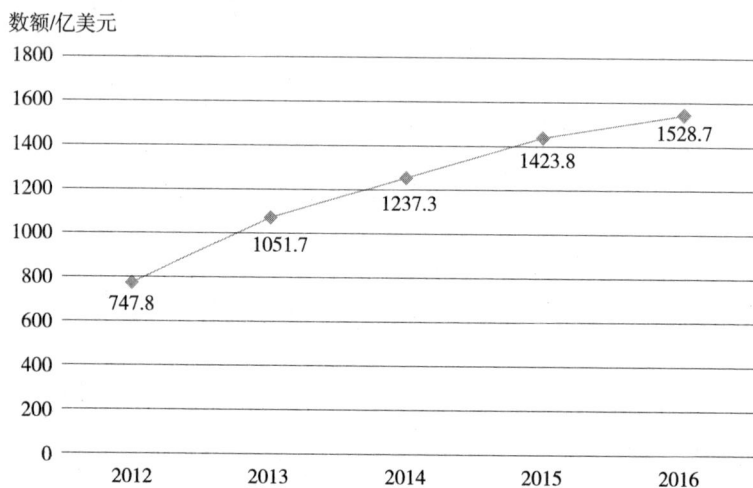

图2　2012—2016年中国对外采矿业直接投资量

注:数据来源于2012—2016年度中国对外直接投资统计公报。

数额/亿美元

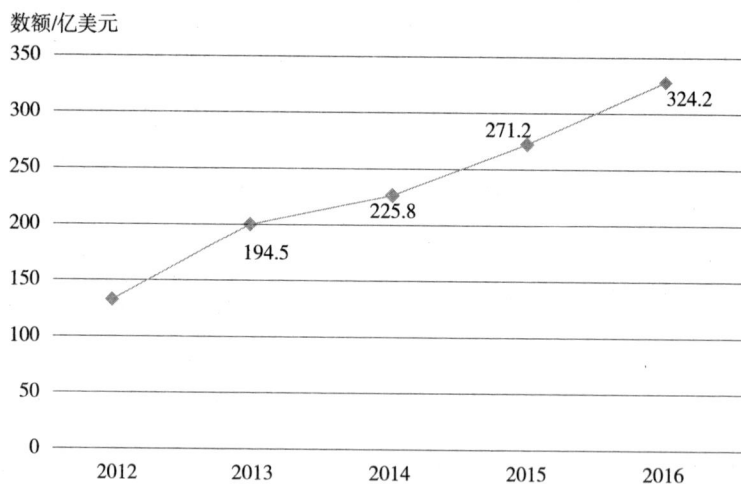

图3　2012—2016年中国对外建筑业直接投资量

注:数据来源于2012—2016年度中国对外直接投资统计公报。

数额/亿美元

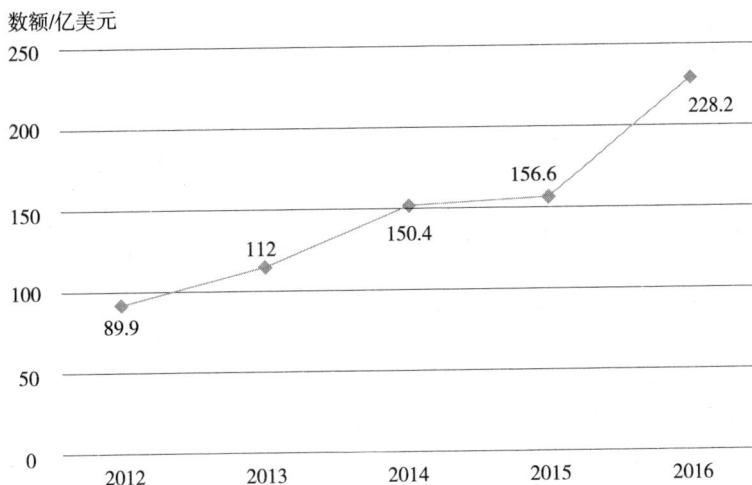

图 4 2012—2016 年中国对外电力、热力、燃气及水的生产和供应业直接投资量
注：数据来源于 2012—2016 年度中国对外直接投资统计公报。

由图 2 至图 4 看出，采矿、建筑、电力等传统行业一直在中国对外直接投资中占有不容忽视的比重，且在过去五年的对外直接投资存量呈现较为稳定和明显的数额增长。从 2016 年我国对"一带一路"国家已发生投资的整体情况了解，对外投资产业集中在能源、交通运输及信息技术领域，其中能源投资占对东盟、南亚国家投资比重的 45.5% 和 26.2%①，这些领域的投资增长趋势也正与国家鼓励"一带一路"走出去的行业发展战略相符。2015 年 5 月，国务

① 中债资信评估有限责任公司、中国社会科学院世界经济与政治研究所：《中国对外直接投资与国家风险报告（2017）》，社会科学文献出版社 2017 年版。

院发布的《国务院关于推进国际产能和装备制造合作的指导意见》(以下简称《意见》)指出,要"立足国内优势,推动钢铁、有色行业对外产能合作。结合国内钢铁行业结构调整,以成套设备出口、投资、收购、承包工程等方式,在资源条件好、配套能力强、市场潜力大的重点国家建设炼铁、炼钢、钢材等钢铁生产基地,带动钢铁装备对外输出……大力开发和实施境外电力项目,提升国际市场竞争力。……鼓励以多种方式参与重大电力项目合作,扩大国产火电、水电装备和技术出口规模"。《意见》明确将钢铁、有色、建材、电力等十二个行业作为"走出去"重点,一方面,可推进中国制造企业的国际化,将部分有效产能转移,化解目前国内产能过剩的问题;另一方面,"一带一路"发展中国家基础设施建设不完善且缺乏资金,中国的成熟制造技术和雄厚资金加以帮扶与合作,将为地区的经济发展作出巨大贡献。

第二节 "一带一路"绿色投资的基本原则

"一带一路"倡议的提出旨在推进世界各国,尤其是沿线国家在经贸、基础设施、金融、文化等各层面的互联互通与广泛合作,实现其自主、平衡和可持续发展。2017 年 5 月中国主办的"一带一路"

国际合作高峰论坛,总结了过去几年内中国与世界各国以"一带一路"倡议为契机在经济合作等方面取得的成果,聚焦"五通"和智库交流,围绕基础设施、产业投资、经贸合作、能源资源、金融合作、人文交流、生态环境和海外合作等八个方面展开讨论,并为未来的合作方向和实施路径提出了建议和指导。作为中国发展战略五大理念之一,坚持绿色发展已纳入"一带一路"倡议,为中国提供了一个与国际社会共同促进绿色低碳发展和生态文明建设的机遇。2015年,国家发改委、外交部和商务部共同发布的《推动共建丝绸之路经济带和 21 世纪海上丝绸之路的愿景与行动》中也明确表示,要强化基础设施绿色低碳化建设和运营管理,在建设中充分考虑气候变化影响,保护投资所在国生态环境、合理有效地开发利用当地资源能源、促进当地社会经济发展,与投资所在国共商、共建、共赢。

"一带一路"沿线大多国家仍处于发展阶段,中亚、东南亚、南亚、北非地区未来几十年在基础设施建设包括能源、交通、电力、水利等领域的融资缺口很大,据亚开行 2017 年估算,除中国外的 24 个亚洲主要经济体在这一缺口规模达 57%①。在迫切进行经济建设的同时,生态环境脆弱、能源利用效率低、碳排放强度高、工业集中的城市空气污染也是这些国家正遇到的难题,这也使"一带一路"投

---

① 亚洲开发银行:《满足亚洲基础设施需求》,2017 年,第 50 页。

资与产能合作面临环境保护、应对气候变化及能源转型等多重挑战。特别是"一带一路"鼓励"走出去"的资源密集型制造业、基础设施和能源合作等建设项目,会不同程度对投资所在国或地区的环境、公众健康、资源利用等产生影响。如何规避和减少环境与碳排放的负溢出效应,确保"一带一路"投资绿色化,需要投资者从项目选择、绿色技术采用以及环境社会风险管理等多方面加以实现。

首先,无论是哪类行业或项目类型对外投资,投资者都要充分了解投资项目所属行业在该国的环境法律、法规和标准,对环境及气候风险进行管理。"一带一路"沿线国家和地区地形复杂、自然资源和生物多样性丰富,但生态敏感度相对较高。投资活动如不重视环保问题,就不可避免地对当地环境产生负面影响,可能会导致投资不可持续的问题。对外投资的金融机构和企业应根据投资项目行业特点,参考所在地、中国自己以及国际通行标准中的高标准展开项目的环境尽职调查,特别是重视高耗能、高排放的产业,如火电、钢铁、水泥、建材、化工、纺织印染等项目可能带来的对当地环境的影响。

其次,"一带一路"投资项目要主动推动绿色技术输出与绿色标准构建。一是鼓励新兴环保低碳产业与环境技术"走出去"。"一带一路"拉动国内传统产业投资同时,应积极推动环保和低碳技术的输出、促进当地环保和低碳产业的发展,如新能源汽车、可再生能源发电、污水处理等。推进环保产业技术转移的交流合作示范基地、产业园区,协助投资所在国的环境政策、技术标准与国际高标准接轨,落实国家《关于推进绿色"一带一路"建设的指导意见》及国务院印发的《关于加快发展节能环保产业的意见》。二是传统制造行业产能及装备"走出去"应当是中国的绿色、低碳行业技术高水平的输出,并非转移国内落后产能、被淘汰技术与设备。由于"一带一路"沿线国家处于不同经济发展阶段,其中大多还是发展中经济体,在一定时期内,满足这些国家发展需求的投资合作还会集中在传统制造业,包括电力、钢铁、水泥、建材、铁路、化工等国内技术相对成熟的领域。这些传统资源型行业"走出去"应采用资源节约与环境友好的技术和标准,提高国内产业结构升级与创新升级,推动国内的优质产能和绿色技术"走出去",才能赢得市场并长久发展。

第三节 "一带一路"重点基础设施和传统制造业绿色技术投资

一、电力行业

(一) 电力行业海外投资现状

电力行业是国民经济发展重要的基础设施领域,关系到国计民生,在各国经济发展战略中都被优先确定为发展重点。据世行报告显示①,2014 年全球通电人口比例为 85.5%,仍有 10.6 亿无电人口,主要分布在撒哈拉以南非洲国家(57%)、南亚(32%)、东亚及太平洋(7%),拉美地区(3%)。过去五年,全球电力消费增速平稳,年均增速为 2.1% 左右,而新兴经济体电力增速相对强劲,南亚、东南亚等区域的电力消费增速达 6%。2016—2020 年期间,"一带一路"沿线相关国家的电力装机需求约为 4.2 亿千瓦,将拉动电源电网建设投资超过 1.2 万亿美元②。"一带一路"沿线多为发展中和欠发达国家,现阶段的电气化覆盖率和人均用电量与发达国家相差甚远,其经济发展对电力的刚性需求增长加上本国技术设备落后、供应能力有限,为中国的发电与电网建设企业带来广阔的市场潜力。

中国电力企业的国际合作形式主要以对外投资、对外工程承包、设备技术出口为主。据中国电力企业联合会对国内特大型与大型电网、发电、核电、电建企业的国际业务统计,在 2012 年到 2016 年期间,对外投资合作方式主要包括建设—经营—转让(Build-Oprerate-Transfer,BOT)、资产并购、新建投资以及对外直接投资;从投资领域看,过去五年投资在 3000 万美元以上的项目共

———————————

① 世界银行集团:《2017 缺电现状报告》,2017 年,第 17—18 页。
② 电力规划设计总院:《中国电力发展报告 2016》,2016 年。

103 例,其中包括水电、核电在内的清洁能源占 48%,火电占 21%,输变电占 16%。2016 年,中国在 52 个"一带一路"沿线国家开展项目承包工程,其中大型承包项目 120 个,合同总额约为 275 亿美元,涉及 29 个国家。工程领域包括火电、水电、风电、太阳能、核电、输电工程、基础设施建设等。

"一带一路"沿线不少发展中国家的电源仍依赖传统化石能源,尤以煤电居多。2006 至 2015 年十年间,新增煤电装机总量中超过 95% 在亚洲,其中东亚 77.8%、南亚 15.8%、东南亚 4.9%。据统计,截至 2016 年底中国在"一带一路"沿线 20 多个国家以各种方式参建的煤电项目超过 240 个,总装机达到 25 万兆瓦[①],项目所在国包括印度、印度尼西亚、蒙古、越南、土耳其、俄罗斯、孟加拉国、巴基斯坦、菲律宾、老挝、波斯尼亚和黑塞哥维那、埃及、马来西亚、阿联酋、塞尔维亚、斯里兰卡、哈萨克斯坦、罗马尼亚、柬埔寨、塔吉克斯坦、立陶宛、吉尔吉斯斯坦、格鲁吉亚、乌兹别克斯坦、缅甸等。从地理分布来看,南亚和东南亚是中国煤电海外投资项目的重点地区,特别是印度、印度尼西亚、巴基斯坦、老挝等国家。尽管这些国家在建和新建的火电厂平均能效在逐步增加,但超过一半的已建和在建项目都在应用效率较低的亚临界机组。

[①] 全球煤电追踪,2018 年 3 月 5 日,见 https://endcoal.org/global-coal-plant-tracker/。

（二）推动"一带一路"国家清洁低碳电力发展

推动电能替代终端化石能源消费，提高能源电气化程度，一方面可以减少和摆脱因经济发展和人口增长所需的能源消耗；另一方面，电能的末端使用污染排放相比传统分散式燃烧煤炭、石油、天然气等具有清洁、安全、便捷等优势，可缓解正在困扰大多数发展中国家人口密集城市面临的空气污染等问题。近些年，随着全球清洁能源转型的快速推进，以光伏、水电和风电为代表的可再生能源发电量占全球多国的发电量比重逐年提高，进一步提高了电能利用的清洁与低碳性。为满足"一带一路"国家对电力的需求与气候减排、环境治理之间的协同发展，"一带一路"电力投资要实现绿色、低碳发展，建议从以下方面考虑：

1. 选择性地投资清洁煤电

对于仍依赖燃油电厂或从邻国进口煤炭的"一带一路"发展中国家，因其对电力发展的迫切需求以及经济成本等因素，煤电在一段时间内还将是不少"一带一路"发展中国家满足电力供应的主力，但煤电开发要在技术与生产方式上有所选择，且纳入对项目所在区域生态承载力、水资源压力等环境约束的考量，减少对当地环境影响的同时有效降低碳排放。

（1）新建煤电投资项目应采用清洁高效的燃煤发电技术，如国内技术成熟的大型循环流化床锅炉、超临界以及超超临界燃煤机组等,提高煤电能效,降低碳排放强度,避免国内落后产能和技术转移。污染物与碳排放控制是全球煤电发展的重要制约因素。过去十年,中国煤电的单位煤耗与碳排放强度持续呈下降趋势。如图 5 所示,2014 年全国单位煤发电的碳排放可控制在 870g/kWh,高于美国、德国、日本等发达国家的平均控制水平。2013 年全国火电机组供电标煤耗下降到 321g/kWh,也已达世界先进水平。2014 年 9 月,国家发改委、环保部、国家能源局联合下发的《煤电节能减排升级与改造行动计划(2014—2020 年)》提出"全国新建燃煤发电机组平均供电煤耗低于 300g/kWh"。高效清洁

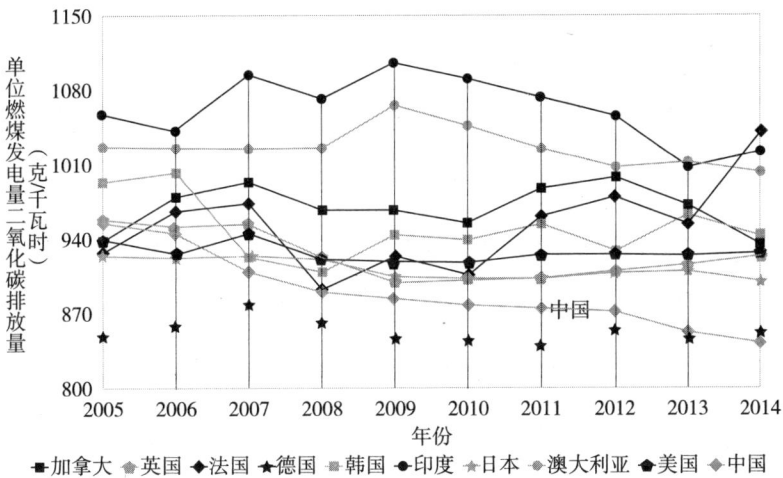

图 5 部分国家单位燃煤发电量 CO_2 排放量情况对比

来源:2017 年中电联《中国煤电清洁发展报告》。

的煤技术可优化煤电的能效、降低发电碳强度。《巴黎协定》下有超过 20 个国家在提交国家自主贡献方案（Intended Nationally Determined Contributions，INDC）时，提到将高效、清洁、低排的燃煤技术作为实现其清洁能源利用目标的手段。作为现阶段成熟的发电形式，中国现今的清洁煤电技术已达到世界先进水平，高效率的超临界和超超临界机组已成为国内煤电的主力机组。目前，仅国内已投产的 1000MW 超超临界机组已超过 100 台，如上海外高桥第三发电厂 2008 年建设投产的两台 1000MW 超超临界燃煤发电机组，平均 SO_2 和 NO_X 排放浓度能控制到 $15mg/m^3$ 和 $17mg/m^3$，年平均运行供电煤耗为 276g/kWh；再提高效率的二次再热超超临界机组也将在"十三五"新建煤电厂中大批出现。此外，超临界和超超临界技术也正在海外项目上广泛应用，如"中巴经济走廊"能源合作重点项目，由中国电建投资已投产的卡西姆港两台 660MW 项目和华能山东发电投资集团的希瓦尔两台 660MW 燃煤电站均采用了超临界发电机组；2017 年 5 月，葛洲坝集团在巴基斯坦旁遮普省签订的穆扎法尔格尔（Muzaffargarh）火电 660MW 的 EPC 项目，还会采用更清洁高效的超超临界发电技术，提升燃煤的高性能和低排放。

（2）新建煤电投资项目应遵守清洁生产，严格控制污染物及碳排放，可采用国内先进污染治理技术并参照中国现行的火电排放标准。世界各国对包括煤电在内的火电厂排放污染物控制主要集中在 SO_2、NO_x、烟尘和汞及其化合物上,这些排放物也是造成空气污染、威胁公众健康的主要污染源。为推进煤炭清洁高效利用,促进节能减排和雾霾治理,中国燃煤电厂从 2012 年就开始实施"史上最严"的《火电厂大气污染物排放标准》[①],排放污染物受到严格管控,烟尘、脱硫、脱销成为燃煤电厂标配装置,污染排放控制标准总体达到世界领先水平。在此基础上,2015 年环保部、国家发改委与国家能源局联合印发《全面实施燃煤电厂超低排放和节能改造工作方案》[②],引导在全国范围内推广燃煤电厂超低排放限值和新的能耗标准,并要求到 2020 年,全国所有具备改造条件的燃煤电厂力争实现超低排放。方案中提到比 2012 年启用的国标更严的"煤电超低排放标准",即是在基准含氧量 6% 条件下,烟尘、SO_2、NO_x 的排放浓度分别不高于 $10mg/m^3$、$35mg/m^3$、$50mg/m^3$[③]。与美国、欧盟、日本和澳大利亚现行标准比较,中国现行火电污染物排放国标远超多个发达国家的水平,其中 2015 年

---

① 中国环境科学研究院、国电环境保护研究院:《火电厂大气污染物排放标准》编制说明,2011 年。

② 环境保护部、国家发改委、国家能源局:《全面实施燃煤电厂超低排放和节能改造工作方案》(环发〔2015〕164 号),2015 年。

③ 环境保护部、国家发改委、国家能源局:《全面实施燃煤电厂超低排放和节能改造工作方案》(环发〔2015〕164 号),2015 年。

提出的"超低排放标准"对污染物控制的限值均为国际最严标准,见表1。因此,建议中国电力企业在海外新建火电厂采用国内现行的超低排放标准,以消除国际社会对中国火电投资易造成空气污染的质疑,但同时也需要考虑当地已上马的火电装机总量及其相应的环境承载能力。

表1　部分国家煤电厂大气污染物排放限值比较(单位 mg/m³)

国家现行标准	烟尘	SO_2	NO_x
中国(《火电厂大气污染物排放标准》(GB13223—2011)适用重点地区新建及现有机组)	20	50	100
中国(2015年《燃煤发电机组大气污染物超低排放标准》适用新建及现有机组)	10	35	50
美国(2005年《新固定源国家排放标准》1970年制定第一套煤电厂新建污染源排放标准后多次修订,适用现有机组)	20	184	135
欧盟(2013年修订《工业大气污染物排放限制指令2010/75/EU》,2016年1月实施,此处只展示300MW以上新建电厂限值)	10	150	150
日本(火电厂大气污染物排放标准)[①]	40	172	200
澳大利亚(火电厂大气污染物排放标准)[②]	100	200	460

(3)支持煤炭清洁利用的示范项目与新技术的研发(如700℃

[①]　中国环境科学研究院、国电环境保护研究院:《火电厂大气污染物排放标准》编制说明,2011年。

[②]　中国环境科学研究院、国电环境保护研究院:《火电厂大气污染物排放标准》编制说明,2011年。

超超临界燃煤发电机组、整体煤气化联合循环发电机组（IGCC）、碳捕获利用及封存（CCS/CCUS）等），对新建项目要留出可供新技术升级改造的空间。对大比例依赖煤发电的国家，如中亚国家、中国、印度等，在环保和碳减排压力日趋严峻且天然气短期供给不足的情况下，新型清洁技术的研发、示范以及进一步商业化推广，对该国向清洁、低碳能源转型有着战略性意义。例如，IGCC 发电系统是目前国际上被验证能够工业化的、最洁净高效的燃煤发电技术，2012 年 12 月华能天津 250MW 的 IGCC 电站示范工程正式投产，是我国第一座也是世界第六座 IGCC 电站，该示范工程单位煤耗仅为 255g/kWh，烟气烟尘浓度小于 $1mg/m^3$、SO_2 排放浓度约为 $1.4mg/m^3$、NO_x 排放浓度为 $52mg/m^3$，污染物排放接近天然气电站排放水平。另外，火电厂发电设备寿命一般在 30—40 年，一旦建成就会持续排放 CO_2，造成电力系统的长期碳锁定效应。为避免碳锁定，CCS 在国际上被认为是一种在可再生能源利用普及前，可通过与现有工艺组合大量削减 CO_2 的可行技术。目前，经合组织（OECD）国家以及世行、亚行等多边金融机构已在广泛支持一些国家的 CCS 技术研发和项目实施，以便掌握前沿技术做进一步商业推广。例如，结合 IGCC 技术，可建立燃烧前 CCS 工艺流程，碳捕集后可进行封存或用于油田驱油，进而实现 CO_2 近零排放。

（4）"一带一路"的煤电投资要纳入对区域环境容量、生态承载力以及水资源压力的考量。全球碳排放约束以及发展中国家工业城市的空气污染等问题,使国际社会对发展煤电的顾虑越来越多,为避免和减少中国海外煤电投资可能对在地环境与社区造成的不利影响,"一带一路"的煤电合作应在投资决策前纳入环境与社会因素的考虑,包括但不仅限于了解当地的环保法律法规与标准、已规划的电力装机及相应的环境承载力、项目所在地水压力与未来时期的水资源可利用情况、是否在生物多样性保护区、土地征用及移民问题等。

2. 推进可再生能源为主的电力开发和利用

全球应对气候变化行动与清洁能源转型加速,国际能源合作已从传统基于化石能源的电源建设转向以构建清洁、可再生能源全产业链的方向转变。在以煤炭、油气供能为主的国家,应考虑将可再生能源作为互补,增加电力供应方式的多样化,加强能源利用的低碳性、清洁性与安全性。从 2013 年起,煤电发电量在全球范围内出现下降,新增燃煤发电装机在缩减,可再生能源发展有了更大空间。考虑到燃煤对环境和公共健康的威胁,以及排放约束给化石能源投资造成的搁浅资产风险,越来越多国家的政府与投资者正逐步减少并退出对煤电以及上游油气开采行业的投资。例如,作为煤炭大国的印度,其现有煤电厂足以满足 2019 年前电力需求,因此,印度电力部在 2016 年发布的《国家能源规划草案》提出"除现有在建项目外,印度在 2027 年前不会再上马新的煤电厂"①。

另一方面,"一带一路"沿线国家可再生能源蕴藏丰富,但相对开发利用率低,沿线的可再生能源资源呈两条线分布,一条是从西亚、中亚到中国西北、蒙古、俄罗斯远东,以风能、太阳能为主,例如,哈萨克斯坦是世界上人均风能资源最多的国家,风能发电潜力达 1.8 万亿千瓦时。另一条是从巴基斯坦、印度北部、我国西南、缅甸到老挝,主要以水电为主。目前统计②,中亚国家可再生能源发电占比不足 1%,亚太地区非水可再生能源消费占比约为 2%,低于 OECD 国家的 4.5%。仅看水电,全球水电装机开发程度为 25%,其中欧洲、北美洲、南美洲、亚洲和非洲水电开发程度分别为 47%、38%、24%、22% 和 8%。亚洲、非洲、南美开发程度居后三位。预测到 2050 年,非洲地区和亚洲地区的水电开发率将分别达到 32% 和 46%,水电开发的潜力巨大,是"一带一路"国家覆盖的重点地区。《巴黎协定》签署后,194 个国家制定并提交了"国家自主贡献方案(NDC)",方案明确了本国未来 10 到 20 年低碳能源发展规划,其中有 109 个国家都提出了增加可再生能源供能占比

---

① Government of India Ministry of Power: *Draft National Electricity Plan* (*Volume 1, Generation & Related Aspects*), 2016, pp.174-175.

② 中债资信评估有限责任公司、中国社会科学院世界经济与政治研究所:《中国对外直接投资与国家风险报告(2017)》,社会科学文献出版社 2017 年版。

的具体目标。根据国际可再生能源署测算①,如实现这些国家可再生能源提升的目标,2030 年前新增可再生能源电力装机为 1.3 太瓦,所需累计投资为 1.7 万亿美元。如图 6 所示,亚洲、中东以及非洲即使在无国际援助的条件下,实现目标的投资需求就高达 9600 亿美元。中国现阶段,可再生能源发电技术已相当成熟,装备制造成本也不断降低,"一带一路"沿线国家在未来 20 年对可再生能源投资的需求将为中国的绿色技术输出创造更大的市场和机会。

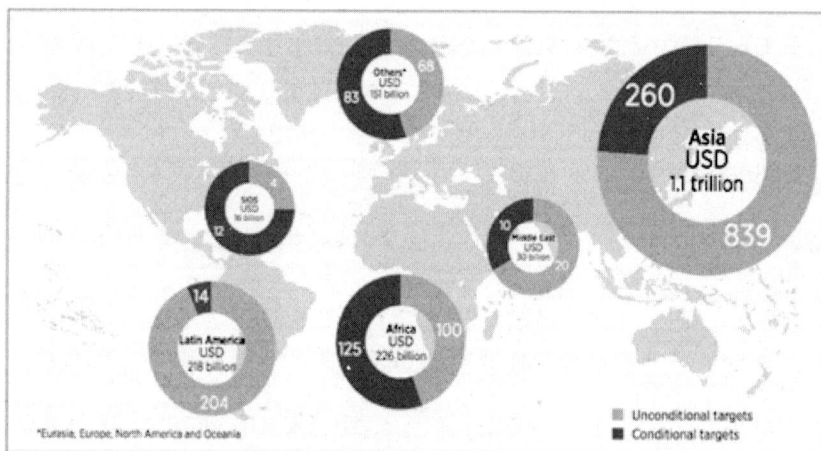

图 6 到 2030 年全球各区域实现 NDC 可再生能源新增目标所需的投资
来源:国际可再生能源署(IRENA),2017 年 11 月。

① IRENA: *Untapped Potential for Climate Action-Renewable Energy in NDC*, 2017, p.8.

3.因地制宜地推动跨国电网互联互通

除参与电源建设,"一带一路"绿色投资还要着眼沿线国家的电力输配建设,因地制宜地推动跨国电网互联互通,建设以特高压电网为网架、输送清洁能源为主导的智能电网。发展特高压技术能解决电力大规模远距离外送的问题,增强大电网在一定范围内对清洁能源、可再生能源配置的能力。随着电力技术创新,中国在特高压输电技术即 1000 千伏及以上交流和 ±800 千伏及以上直流输电技术,已走在世界领先地位,这些先进成熟的技术储备为构建"一带一路"全球能源互联网提供了条件。"一带一路"倡议下,中国已与俄罗斯、蒙古、吉尔吉斯斯坦、越南、老挝、缅甸等实现电网互联互通,现阶段,电网行业正在研究与巴基斯坦、尼泊尔、哈萨克斯坦等国电网互联以及东北亚电网互联的可行性。国家电网公司已建立起从投资、技术、装备、设计到施工的国际产能全合作模式,建成中俄、中蒙、中吉等十条跨国输电线路,并在埃塞、波兰、缅甸、老挝等国家展开电网项目。仅 2016 年,公司新签国际工程总承包、装备出口、技术咨询合同总额为 33 亿美元,其中"一带一路"沿线国家超过 23 亿美元。先进技术"走出去"的同时,国家电网公司也在推动优势技术向国际标准转化,在国际上率先建立了特高压交直流、智能电网技术标准体系,主导制定了 30 多项国际标准。

二、钢铁行业

钢铁工业是国民经济的重要支柱产业,是国家走向工业化的支撑产业。据亚开行数据显示,预计2010—2020年用于亚洲地区基础设施建设的投资将达到8万亿美元,其中每年投资超过7300亿美元,每百亿元基础建设投资大约需要33万吨钢材。中亚、南亚、东南亚国家对基础设施建设、输油管道、电力等领域投资需求的释放会进一步带动钢材需求。

2015年国家《关于推进国际产能和制造合作的指导意见》将钢铁列为十二大重点"出海"行业的第一位,明确"结合国内钢铁行业结构调整,以成套设备出口、投资、收购、承包工程等方式,在资源条件好、配套能力强、市场潜力大的重点国家建设炼铁、炼钢、钢材等钢铁生产基地,带动钢铁装备对外输出"。钢铁工业既是国民经济重要的行业,又是资源能源密集型和高污染排放的产业。钢铁的原料获取、生产及加工环节都存在废水、废气、废渣,污染处理成本比较高,企业需要通过技术提升、严格环保标准以及创新的经营合作模式,才能管理面临的环境风险,适应并带动当地绿色发展的需求。"一带一路"的实施无疑对中国钢铁行业"走出去"的绿色化提出了更高的要求。

（一）钢铁行业"走出去"特征

目前,中国与"一带一路"沿线 60 多个国家有钢铁贸易往来。2016 年,在国内钢材出口总量同比下滑的环境下,我国向"一带一路"沿线国家累计出口钢材量为 6394 万吨,同比增长呈 2.7%[①]。除传统钢材出口,钢铁企业加快了产能"走出去"的步伐,开始在中亚、南亚等地投资建厂。据商务部统计,钢铁企业海外投资主要集中在越南、印尼、俄罗斯、马来西亚、老挝、印度、美国等 22 个国家,涵盖东盟、南亚、中东、欧亚四大合作区域。中国钢铁企业进行国际产能合作,主要形式包括收购控股海外钢厂、与国外钢企合资合作、境外自主新建钢厂、工程技术输出等。对于基础设施建设拉动钢材需求旺盛的发展中国家,钢铁企业因地制宜,采用国外合资、合作建厂等形式,一方面满足当地钢材需求,支撑当地经济发展;另一方面,减少国内低端钢材的出口,降低资源和能源的消耗。在市场开拓方面,企业加强与下游产业共同"走出去",通过合资合作建设加工配送中心和零部件制造等海外生产基地,以适应海外工程承包建设和装备制造等要求。

近些年,中国钢铁行业节能环保水平也取得进步与发展,开发了一批节能环保工程技术,积累了相当成熟的钢铁行业节能降耗

---

① 兰格钢铁信息研究中心,2018 年 3 月 5 日,见 http://shidian.lgmi.com/html/201704/25/3279.htm。

和"三废"治理经验。例如,中冶赛迪集团总承包建设的越南河静钢厂一号高炉于 2017 年 5 月点火并顺利出铁,这是中国在海外近二十年唯一新建千万吨级联合钢厂。该工程采用大量国内自主研发或首创的高炉核心技术和装备,应用了高效低耗特大型高炉关键技术群,降低燃料比 20kg/t 以上,降低吨铁耗风 100Nm³/t 以上,主要技术经济指标均达到世界同级别高炉的最先进水平。项目还应用煤气高效除尘、环保节能转鼓法水渣工艺、高风温和富氧大喷煤等核心技术以实现节能环保,为绿色钢铁"走出去"奠定了基础。

（二）建立钢铁企业海外绿色技术推广目录

中国钢铁企业海外投资时应把国内低碳、环保的先进流程和先进技术输出去,促进整个行业的资源和能源节约,推动"一带一路"沿线国家钢铁工业实现跨越式发展。过程可借鉴日本NEDO①模式,由国家和大企业共同牵头,进行整体设计和系统支持,促进节能环保和节水技术、废渣处理以及及综合利用等技术和装备的输出与优势产能合作。根据国家现有环保政策法规,并结合钢铁行业特点和现有技术能力,本书提出以下钢铁行

---

① 日本政府主导的公立研究机构 NEDO（The New Energy and Industrial Technology Development Organization,新能源产业技术综合开发机构组织）于 2008 年提出 COURSE50 项目,该项目由 NEDO 委托神户制钢、JFE、新日铁、新日铁工程公司、住友金属、日新制钢 6 家公司共同开展"环境友好型炼铁技术开发"。

业对外投资环保技术指标(如表 2 所示),为"一带一路"钢铁工业绿色发展提供参考①。

表 2　钢铁工业节能环保工程技术海外推广目录

项目名称	主要内容
烧结烟气 SDA 法脱硫工程技术	烧结机机头烟气经电除尘器除尘后,送入旋转喷雾干燥(SDA)吸收塔,与被雾化的石灰浆液接触,发生物理、化学反应过程,烟气中的 SO_2 被吸收净化。经吸收 SO_2 并干燥的含粉料烟气出吸收塔进入布袋除尘器进行净化。脱硫处理后烟气中的 SO_2 浓度脱硫效率≤100mg/Nm^3,含尘量浓度≤30mg/Nm^3,脱硫系统漏风率≤3%,脱硫系统使用寿命不低于 15 年。
转炉钢渣滚筒渣处理技术与设备	钢渣处理技术装备化、自动化程度高,处理过程清洁化,生产效率高。经处理后的钢渣,渣铁分离效果良好,尾渣性能优越(浸水膨胀率≤1.6%,f-CaO 含量≤2.12%,粉化率(粒度小于20mm 的钢渣含量)≥72.5%,尾渣金属铁含量小于 2%)有利于钢渣的深度综合利用。
转炉钢渣热闷技术与装备	钢渣破碎磁选工程是通过建立从钢渣处理、磁选筛分、尾渣应用等全流程的钢渣处理线,有效提取钢渣中含铁物质,降低尾渣中金属铁含量,尾渣全部利用。
钢渣高效破碎磁选工程	
原料系统棚化、仓化改造	根据用户需求,在卸、储、运各个环节提供环境治理针对性方案。实施全封闭式料场后,减少料场区域扬尘 95%,彻底解决料场扬尘问题,企业环境空气中颗粒物排放浓度小于 15mg/m^3。每年减少风雨引起的物料流损 95%以上,减少料堆表面洒水量 80%以上。
高炉煤气高参数小型化发电技术	高温超高压煤气发电技术—第四代煤气发电技术,主蒸汽参数 13.7MPa、540℃,再热蒸汽参数 540℃,热效率约 37%,可滑参数运行,调峰时可保持较高效率,年利用率可达 8000h,造价2300—2500 元/kWh。同样煤气量,高温超高压机组比中温中压机组多发电 41.9%,比高温高压机组多发电 18.2%。

---

① 钢铁行业课题组:《2017 中国煤炭消费总量控制和政策研究》,2017 年。

项目名称	主要内容
转炉煤气干法除尘技术	与湿法或半干法除尘方式相比较,具有循环冷却水少、电耗低、除尘灰直接利用比例大、除尘效果好等优点。排放烟气中含尘量低于 20mg/Nm³。
高温高压干熄焦	目前高温高压干熄焦技术(CDQ)得到了广泛的推广。直接节能效果,每吨焦炭回收中高压蒸汽 0.5—0.6t/吨焦,节约熄焦用水 0.4—0.45m³/吨焦;净回收约 40kgce/吨焦。
烧结余热回收发电系统	将烧结生产工序中产生的废气热量加以回收再利用的技术称为烧结余热利用技术,它主要有烧结烟气显热和烧结矿产品显热两大部分,其中烧结烟气显高温段排出的废气温度可达 200℃—400℃,烧结机尾部卸出的热烧结矿平均温度为 600℃—800℃。
高炉炉顶煤气余压发电装置	高炉炉顶煤气余压发电装置是在高炉煤气减压阀前将煤气引入一台透平膨胀机做功,将压力能和热能转化为机械能并驱动发电机发电的一种能量回收装置,每吨生铁可发电 30—54kWh,采用 TRT 装置可回收高炉鼓风机能量的 30%左右,降低炼铁工序能耗 11—18kgce/t。
转炉余热饱和蒸汽发电系统	炼钢转炉在吹炼期内产生大量高温烟气,烟温在 1000℃以上,烟气进入转炉烟道,烟气热量被烟道蒸汽产生系统吸收,产生 2.5—3.6MPa 的饱和蒸汽。饱和蒸汽自汽包流出,一部分进入蓄热器内,通过内部充热装置喷入热水中,另一部分经调压阀减压送入汽轮机。

（三）借鉴国际先进钢铁企业的污染排放标准和环保经验

钢铁行业是资源、能源密集型产业,生产包括矿石开采、烧结与球团、焦化、炼铁炼钢、连铸、轧钢等工序,产业链长、工序复杂,生产过程产生的多种污染物会增加当地的环境负荷。因此,清洁生产的技术应用与严格控制污染排放,是钢铁行业实现"降污、节能、减耗"的有效途径。

中国钢铁行业在主要污染物减排上做了不少努力,如使用低硫煤,对焦炉煤气进行脱硫,大力回收高炉煤气和转炉煤气,采用燃气蒸汽联合循环发电机组,提高副产煤气的利用效率等。2015年起,国家实施新环保法和环保标准,日益严格的环保标准对钢铁企业在污染物排放控制的技术和能力提出了更高的要求。但是,与国际比较(如表3所示),中国钢铁企业污染物排放水平与工业国家的先进钢铁企业仍有差距,特别是在降低吨钢污染物排放量上,而且国内企业的绿色发展水平也是参差不齐。尽管环保部在2012年颁布了八项钢铁工业系列污染物排放标准,进一步要求了颗粒物和SO_2的排放限值,但由于标准制定时间较早且当时技术尚未普及等因素,排放限值设定并不算严格,而且也缺乏企业有关二噁英、重金属类的排放统计数据。与国内火电行业相比,钢铁行业的大气污染物排放限值设定明显宽松。考虑到全球钢铁行业清洁生产技术快速发展,污染物控制与减排的要求以及技术潜力很大,研究建议中国钢铁行业"走出去"时,应借鉴国际钢铁企业的先进环保经验与污染物排放标准。

表3　各国先进钢铁企业污染物排放情况对比（单位：$kg/t_{钢}$）[1]

	重点统计钢企[2]	宝钢股份	韩国浦项	日本新日铁	德国蒂森克虏伯（Thyssen Krupp）
	2015 年	2014 年	2011 年	2010 年	2007 年/2008 年
SO_2	0.85	0.38	0.73	0.55	—
烟尘	0.81	0.45	0.11	—	0.42
NO_x	—	—	1.06	1.02	1.25
注：我国钢铁行业 NO_x 排放强度较低，主要原因是氮氧化物排放集中在烧结、球团、自备电厂和焦化等环节；我国钢铁企业自备电厂比重较低，大部分中小企业都没有焦化厂，因而计算时强度较低。					

三、水泥工业

中国是全球水泥生产与消费第一大国，水泥产量达到全球的 50%，产业技术装备水平达到国际水准。近些年，随着中国经济增长放缓，固定资产投资增速持续回落，经济增长与产业结构的改变也使中国水泥需求的增长动力趋于不足。2015 年，全国水泥产量 23.5 亿吨，同比下降 6%，是 25 年来首次下降，国内水泥需求面临萎缩与产能严重过剩成为主要矛盾。此时，"一带一路"沿线国家

[1] 颜瑞、朱晓宁、张群：《京津冀钢铁行业废气排放现状及国内外比较研究》，《冶金经济与管理杂志》2016 年第 5 期。

[2] 冶金工业规划研究院：《中国钢铁工业环境保护白皮书（2005—2015）》，2018 年 3 月 5 日，见：http://www.sohu.com/a/107235587_131990。

铁路、公路等基础设施建设为水泥行业提供了新的市场需求,中国水泥企业逐渐把目光转向国际市场。

（一） 水泥行业"走出去"特征①

目前,中国水泥企业在海外的产能布局还处于起步阶段。随着"一带一路"的实施,国内实力企业正加快海外水泥市场,扩大直接投资建厂的产能规模。仅在 2017 年上半年,中国企业就在海外投产的水泥熟料生产线共计 13 条,合计熟料设计年产能 1246 万吨,包括粉磨产能在内的水泥年产能达 1746 万吨;在建生产线还有 7 条。

中国水泥行业"走出去"包括以下模式:水泥产品含熟料出口、成套技术装备和劳务输出、水泥工程项目承包、入股或收购国外水泥企业、直接海外投资建厂进行产能布局等。由于水泥具有很强的区域性和不易储存的特点,中国对外出口水泥及熟料量很少。水泥生产消耗资源且能耗高,产品附加值较低,国家因此不鼓励水泥产品出口。根据国家海关总署 2016 年数据,中国当年出口国外水泥及熟料的总量占国内产量的 5‰。但是,中国水泥装备技术和管理水平已达到世界先进水平,技术装备及工程的全球市

---

① 中国水泥协会课题组:《2017 煤炭消费总量控制方案与政策研究——推进水泥行业转型升级和"一带一路"倡议实施,实现低碳绿色发展》(技术及指标内容还在更新与完善中),第 18—22 页。

场占有率达 50% 以上,居世界第一,海外承接水泥工程 EPC 项目达 200 多项。由水泥工程总承包带动的国内的水泥技术、成套装备、服务和劳务的输出规模在不断增加。

从"走出去"企业来看,中国水泥企业在海外投资建厂有十几家。根据水泥协会数据,中国企业海外已投产和在建的水泥总产能近 3000 万吨,超过 80% 的产能属于位列国内水泥行业的前十大企业所有,国内前十大企业集团的水泥熟料产能占全国总产能的 50% 以上。国有企业"走出去"投资主要利用自有资本,大企业拥有资金、技术、管理和人才优势,是水泥产业"走出去"的中坚力量。仅中国建材,在"一带一路"国家承建的 EPC 水泥生产线就共计 114 条,覆盖 24 个国家,合同金额合计约 780 亿元人民币,水泥技术装备工程的国际市场占有率已连续九年位居世界第一。海螺集团已累计承接了 32 个海外水泥工程总包项目,合同额达 4.8 亿美元。

从海外产能增长来看,中国水泥企业正在加快对海外水泥市场规模的扩张。如图 7 所示,2015 年中国企业海外建成投产的水泥熟料产能为 265 万吨,较上年增长 2.6 倍,2016 年投产的熟料年产能达 626 万吨,同比增长 2.4 倍。目前,企业海外在建的生产线将陆续在 2017 年和 2018 年投产,预计 2017 年仍将增加熟料产能 233 万吨,全部投产将增加熟料年产能近千万吨。

单位：万吨/年

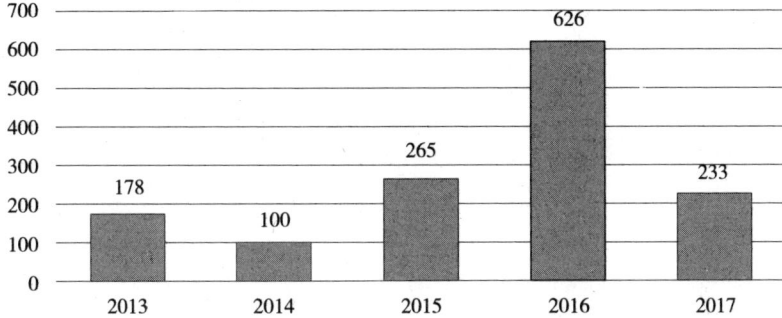

图7 中国企业海外水泥熟料产能增长情况

数据来源：中国水泥协会数字水泥网（2017年为预计数）。

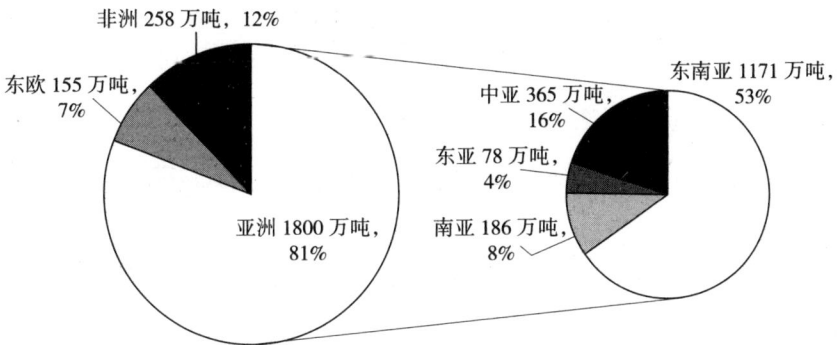

图8 中国企业海外水泥熟料产能分布区域（含在建）

数据来源：中国水泥协会数字水泥网。

从投资区域来看，"走出去"主要以亚洲地区为主，多数为"一带一路"沿线发展中国家。截至2017年上半年，中国在海外已投产与在建水泥熟料总产能中，81%分布在亚洲地区，12%分布在非洲如赞比亚、南非和莫桑比克,7%分布在欧洲。其中,东南亚占比亚洲区域总产能50%以上,熟料产能总计为1171万吨,包括印尼、老挝、柬埔寨和缅甸等国家;中亚地区占16%,熟料产能约为365万吨,覆盖国家包括塔吉克斯坦、吉尔吉斯斯坦和哈萨克斯坦。

(二) 建立水泥工业绿色评价指标体系及技术目录①

尽管近些年国内水泥产业存在产能过剩问题,但开展"国际产能合作"并不是把国内的产能转移到国外去。中国现阶段新型干法水泥已经占到99%以上,技术和装备已达世界先进水平且实现国产化,先进的技术、低成本优势和优质的服务使中国水泥业在国际市场具有很强的竞争力,国内水泥市场需求已进入平台期,未来可能会出现一个缓慢下降的过程,水泥产业的国际化发展道路势在必行。中国水泥"走出去"的本质是提高中国水泥企业在国际市场中的竞争力,培育中国的水泥跨国公司。水泥是工程建设的重要材料,是发展中国家经济发展的基础产业,但水泥工业传统的技术和生产模式对生态环境造成负面影响,使有限资源难以为继。因此,水泥投资项目在开启前,首先要因地制宜地规划生产线建设规模,根据"一带一路"沿线国家的社会经济发展水平以及水泥市场消费

---

① 中国水泥协会课题组:《2017 煤炭消费总量控制方案与政策研究——推进水泥行业转型升级和"一带一路"倡议实施,实现低碳绿色发展》(技术及指标内容还在更新与完善中),第32—34页。

情况等因素来确定水泥生产线规模。由于"一带一路"国家基本是发展中国家,经济发展水平相对落后,因此,市场消费需求容量有限。水泥厂建设单线规模应重点考虑建设日产 2000 吨级、日产 3000 吨级、日产 5000 吨级规模生产线,可以满足要求。

1. 海外水泥厂投资的绿色指标体系

结合国外水泥工业发展和中国在海外工程承包项目和投资设厂的经验,水泥厂绿色建设指标体系应包含能耗指标、环境指标以及工艺装备指标等,以达到提高能效、减低污染排放强度、减少温室气体排放、利用和处置固体废弃物、开展原燃料替代的目的。

表 4　水泥厂绿色建设指标体系

类别	主要指标
工艺技术装备	• 规模≥日产 2000 吨 • 新型干法工艺技术装备 • 采用 DCS 控制系统
能源、资源	• 规模≥日产 5000 吨,熟料热耗≤105kg 标准煤/t • 规模≥日产 2000 吨≤日产 5000 吨,熟料热耗≤109kg 标准煤/t • 水泥综合能耗≤95kg 标准煤/t • 水泥综合电耗≤90kWh/t(粉磨站企业≤36kWh/t) • 根据条件,可安装低温余热发电系统 • 低品位石灰石(CaO 含量<46% = ≥10%,有可用 30 年的石灰石矿山资源 • 根据条件,开展工业废渣(尾矿渣)综合利用 • 建设能源管控中心,应用能源管理优化技术等。
碳排放	• 吨熟料二氧化碳排放指标:≤0.86tCO₂/t 熟料

类别	主要指标
污染物	主要污染物排放标准： • 粉尘≤30mg/m³ SO₂≤200mg/m³ NOₓ≤400mg/m³ 有特别要求的地区主要污染物排放标准： • 粉尘≤20mg/m³ SO₂≤100mg/m³ NOₓ≤320mg/m³ • 污水排放符合当地标准要求，如无当地标准，按建设方要求。否则执行中国相关标准 • 生产单位水耗≤0.25t/t 水泥
管理体系	• 在有条件地区开展替代原燃料的使用 • 建立质量管理体系、能源管理体系、职业健康与安全管理体系、环境管理体系，普及率达100%。积极落实和践行社会责任，与当地社会、社区和谐共处

2. 水泥工业绿色技术指导目录

打造绿色水泥生产、实现环保减排目标，需要不断通过技术改造、技术创新。如表 5 所示，对现有水泥行业可实施的绿色技术加以归纳和介绍，可为企业"走出去"作参考。

表 5　水泥工业绿色技术指导目录

项目名称	主要技术内容
高能效熟料煅烧技术	提高预热器能效，降低出口废气温度、提高入窑分解率。实现节能降耗。
生料立式磨粉磨技术	采用料床粉磨原理，提高粉磨效率，与传统球磨机比实现节电。
生料辊压机终粉磨技术	采用高压挤压料层粉碎原理，提高粉磨效率，与传统球磨机比，实现大幅节电。
稳流步进式熟料冷却机技术	采用液压模块传动技术，有效提升冷却效率，提高热回收效率实现节能。

项目名称	主要技术内容
高效低氮燃烧器技术	新型窑头煤粉燃烧器,减少一次供风量,低于10%,有效提高窑头煤粉燃烧效率。
水泥窑纯低温余热发电技术	利用窑头窑尾排放的低温余热实现发电,实现余热的综合利用。
水泥窑无铬耐火材料综合保温技术	实现水泥窑系统耐火保温材料无铬化,去除六价铬对环境的污染。同时提升窑系统隔热保温性能,有效降低散热损失,提高窑系统能效水平,实现节能减排。
水泥窑窑头窑尾大型高效袋式除尘器技术	利用高性能滤料和自动控制,实现水泥窑窑头窑尾采用大型布袋收尘器系统,可实现窑头窑尾粉尘超低排放和没有事故排放
窑尾烟气 SNCR 高效脱硝技术	为控制减少氮氧化物的排放,在分解炉内喷入尿素(氨水),实现氮氧化物生成,实现减少氮氧化物排放。
辊压机 + V 选粉机 + 球磨机联合粉磨技术	增加辊压机 + V 型选粉机预粉磨系统,充分发挥水泥球磨机的研磨能力,提高生产系统效率,实现节能
水泥立式磨粉磨技术	采用料床粉磨技术,减少水泥过粉磨现象及提升粉磨效率实现节能。
煤粉立式磨粉磨技术	依据煤的性质及粉磨性能及粉磨要求,采用料床粉磨技术,减少水泥过粉磨现象及提升粉磨效率实现节能
水泥生产能源管理优化技术	建设能源管控中心,采用能源管理优化技术软件等系统,实现管理节能。如可视化分析技术、窑尾烟气在线分析优化系统等。

（三）综合考虑国际和国内水泥工业大气污染物排放标准

控制污染物排放是保证清洁生产的基本手段,各国都非常重视行业大气排放标准的制定,并且随着国内技术发展不断提升排放控制要求。从以下标准比较看出,中国现行《水泥工业大气污染物排放标准》中对六种污染物有明确的排放限值要求,其中对NO_x、SO_2的控制严于欧洲、日本的国家标准,已达到国际污染控制水平,但对颗粒物控制与美国、欧盟的要求还有少许差距,如进一步削减颗粒物、NO_x的排放量,企业可以采用高效的静电或布袋除尘技术、工艺控制(低氮燃烧器、分解炉分级燃烧、燃料替代等)与末端治理(SNCR 技术)相结合的组合降氮技术。考虑到我国的限制单位是每小时污染物浓度均值,其他国家一般为日均值,相同限值水平下我国标准相对严格。在海外水泥项目建设中,如投资所在国标准低于中国现有通用标准,建议企业采用国内与国际对各项污染物控制更严格的限值标准,确保在"一带一路"沿线国家的清洁生产,减少对环境的污染。

表6 国内外水泥工业(水泥窑)大气污染物排放限值(单位 mg/m^3)

现行标准	中国《水泥工业大气污染物排放标准》GB 4915—2013	美国水泥工业NSPS 标准与NESHAP 标准	欧盟水泥行业BAT 排放水平2013	日本水泥工业大气污染物排放标准
PM	20/30	14/4	10—20	50/100
SO_2	100/200	80/80	50—400	K 值法
NO_x	320/400	300/300	200—450	按气量规模划分:大型 500/小型 700

现行标准	中国《水泥工业大气污染物排放标准》GB 4915—2013	美国水泥工业NSPS 标准与NESHAP 标准	欧盟水泥行业BAT 排放水平2013	日本水泥工业大气污染物排放标准
HF	3/5	—	1	—
NH₃	8/10	—	30—50	—
Hg	0.05	0.01/0.004	0.05	—
标准特点	重点地区/一般地区	现有源/2009年新源		特殊地区/一般地区

第四节　总结与建议

　　"一带一路"倡议契合中国和沿线国家及地区的共同利益,在满足沿线国家经济社会发展诉求的同时,应促进其环境与资源的可持续利用和发展。由于"一带一路"沿线国家处于不同经济发展阶段,各国行业法律法规和环保标准也不尽相同。根据国际以及中国自身发展经验来看,高耗能、高污染行业的发展会不同程度地对自然环境、公众健康以及碳排放压力产生难以逆转的负面影响。如何在资源禀赋、政策及标准差异的多个国别环境下,满足当地经济发展需求的同时给该地区及全球带来正面的绿色效益,对于"一带一路"倡议的绿色实施具有意义重大。因此,在兼顾效率的前提下,"一带一路"传统制造业和基础设施领域的项目应积极推动绿色技术与合作。

推动绿色技术与合作对于中国金融机构和企业而言,一方面有助于建立环境与生态风险管控体系,将与环境相关的成本、风险和潜在收益融入投资决策和管理,引导资金流向绿色技术研发和生态环境保护产业;另一方面,全球绿色经济的发展对低碳环保技术的推动以及传统产业转型升级有了更高的要求,如果企业能在"一带一路"投资中积极采用国内或国际先进的绿色技术及装备,使自身具备绿色竞争力,就更容易获得绿色商机、占领市场。

中国制造正在影响"一带一路"国家的经济和环境,国内一些行业的技术和环境标准已经走在世界前列,有的依然有待改善。因此,了解中国企业在"一带一路"国家投资的特点、发展趋势,有针对性地提出并推广"一带一路"产业绿色技术指标与行业标准,鼓励中国企业在"一带一路"投资中采用中国最先进的技术和遵循最先进的环境标准,有助于加快中国领先的绿色标准"走出去"并引领国际绿色标准的发展,对推进中国与"一带一路"沿线国家可持续的产能合作具有深远意义。

第 二 章

绿色技术投资额外成本

　　绿色发展是中国经济发展的必由之路,也是"一带一路"沿线国家可持续发展的需要,中国企业在"一带一路"沿线国家投资需要秉承绿色发展的理念。绿色技术是支撑绿色发展的基础,然而绿色技术面临着投资成本高、回报率低的问题,导致企业缺乏投资绿色技术的动力。要解决绿色额外成本的问题,需要知道绿色额外成本的大小和构成,本章将讨论绿色额外成本的量化方法、绿色额外成本的来源和构成。

第一节　绿色技术投资和供应链管理的内涵

一、绿色技术的定义

绿色技术,也被称作环境友好技术或生态技术,是指相对于基准线情景,提供同等产品和服务可以减少污染物排放,减少原材料、自然资源和能源消耗所使用的技术、工艺或产品的总称。绿色技术可分为清洁生产技术和污染治理技术两大类。清洁生产技术是降低和防止未来污染,污染治理技术是通过分解、回收等方式清除环境污染物,即解决存在的污染问题。在功能上,绿色技术中的治理污染技术与清洁生产技术互补。

绿色技术产生的价值包括三部分即内部价值、外部价值和间接外部价值[①]:一是内部价值,指绿色技术开发者或绿色产品生产者获得的效益,如绿色技术转让费,生产和销售清洁生产设备、环保设备和绿色消费品产生的价值。二是直接外部价值,指绿色技术使用者和绿色产品消费者获得的效益,如使用高炉余热回收技

---

① MBA 互动百科,http://wiki.mbalib.com/wiki/%E7%BB%BF%E8%89%B2% E6%8A%80%E6%9C%AF。

术可降低能源消耗,使用油污水分离技术可清除水污染,使用绿色食品可降低人们的发病率等。三是间接外部价值即社会价值,指未使用绿色技术(产品)者获得的效益,这是所有社会成员均能获得的效益(如清洁的空气和水)。

从绿色技术的价值看,绿色技术的成本也应该包括为创造上述三部分价值所付出的成本。即研发成本、使用/应用成本、环境责任成本。因此绿色技术投资(简称绿色投资)包括绿色技术研发投资和绿色技术的应用投资和环境投资。本章所讨论的绿色技术投资是指绿色技术的应用投资和环境投资,即企业/投资者为应用某种绿色技术所付出的投资,如利用太阳能源发电技术的太阳能发电厂的投资和环境治理投资。

二、绿色投资

理论界对绿色投资的解释多种多样,总体来说,绿色投资有狭义、广义两层含义。狭义的投资指污染治理和环境保护投资,广义的绿色投资指一切对经济、环境可持续发展和社会发展有积极意义的投资活动。

西方国家从企业的社会责任角度出发,通常把绿色投资称作"社会责任投资"(Socially Responsible Investment,SRI),认为绿色投资是一种基于环境准则、社会准则、金钱回报准则的投资模式，它考虑了经济、社会、环境三重底线（Triple Bottom Lines），促使企业在追求经济利益的同时，积极承担相应的社会责任，从而为投资者和社会带来持续发展的价值，又叫作"三重盈余"投资。国内普遍认为绿色投资是一种可持续的投资，包括政府、企业、社会组织与公众进行的有利于保护自然环境与资源，限制环境污染和资源消耗，达到经济、环境、社会三者共赢的投资。SRI 理论建立在一个共识之上，即同时追求财务与可持续发展。

狭义的绿色投资是指只考虑环境的可持续发展因素和经济因素的投资。由于量化社会投资成本的复杂性，这里所讨论的绿色投资采用了狭义的概念。

绿色投资在中国投资需求潜力巨大，国务院发展研究中心金融研究所预测，"十三五"期间，中国绿色投资需求每年将达 2 万亿到 4 万亿元，占年 GDP 的 3%，其中 85%—90% 的投资资金将来源于社会资本①。然而，绿色技术投资面临了巨大的挑战，只有约 10% 的项目属于财务可行性项目。

---

① 中国金融学会绿色金融专业委员会：《〈构建中国绿色金融体系〉总报告》，2015 年 5 月，第 2 页，http://www.greenfinance.org.cn/upfile/file/20150527161430_836986_43648.pdf。

三、供应链管理

供应链是指在生产和流通过程中,涉及将产品提供给最终用户所形成的网链结构,它是由原材料供应企业、制造商、分销商、零售商、用户组成的链状结构、通道或网络。

供应链管理是通过协调供应链上节点企业的内外资源来共同满足消费者需求,使供应链运作达到最优化,令供应链从采购开始,到满足最终客户的所有过程,包括工作流、实物流、资金流和信息流等均能高效率地运行,以最少的成本把合适的产品以合理的价格,及时准确地送达消费者手上①。

在组织构架上,绿色供应链管理把供应链中的各个环节供应企业、生产、分销、零售商和用户看作是一个有机整体,以整体经济目标来协调各个成员的目标和工作,通过各个环节中所涉及的行业、企业和企业内部之间的合作来实现整体经济目标。从单一的企业角度来看,企业也可以通过改善上、下游供应链关系,整合和优化供应链中的信息流、物流、资金流,以获得企业的竞争优势。因此供应链管理具有整体性、集成化、协同性特点。如果将供应链

---

① 百度百科:供应链管理,https://baike.baidu.com/item/供应链管理/1020?fr=aladdin#2。

上各环节的企业看作一个虚拟企业同盟,各个环节上的企业看作为这个虚拟企业同盟中的一个部门时,同盟的内部管理就是供应链管理。只是同盟的组成是动态的,动态的同盟会随着市场需要随时发生变化。

有效的供应链管理可以缩短资金周转时间,降低企业面临的风险,以最小的成本,实现利润增长,提供可预测的收入;并以最小的成本,取得供应链整体的最大利润。

第二节　绿色技术投资额外成本的量化

一、绿色技术投资额外成本的定义

相对于基准线而言,绿色技术的使用可以带来资源和能源的节约,减少环境污染,产生额外的绿色效益,与此同时,使用绿色技术需要付出比基准线技术高的成本。因此,绿色技术投资额外成本(简称为"绿色额外成本"或"绿色成本")是指相对于基准线成本,使用绿色技术提供同等数量产品和服务所增加的额外成本。

二、绿色额外成本的量化

一个绿色技术项目投资的额外成本以项目运行期内平准化成本或运行期内成本的净现值来衡量。一个绿色技术相对于不同的基准线情景会有不同的额外成本,所以计算绿色额外成本的第一步需要识别基准线,第二步是计算在相同项目生命周期里,基准线情景下和绿色技术投资项目情景下的平准化成本或运行期内总成本的净现值,第三步是计算绿色技术投资额外成本。

(一)识别基准线情景

基准线情景是指当没有绿色技术项目的情况下,提供绿色技术项目同等产品和服务的情景。如果不采用绿色技术,那么提供同等数量产品或服务的替代情景可能有:

1. 情景一:继续现有状况,由现有的生产企业或供应企业提供。如果不投资可再生能源电厂,那么所需的电力就由连接电网的现有电厂供给。

2. 情景二:投资建新厂但采用常规技术/非绿色技术。例如不投资可再生能源发电厂,所需电力可以通过投资煤电、天然气发电技术等常规发电技术获得,但前提是这些投资常规技术的活动是符合所在国现行的法律、法规和环境标准的。

（二）计算基准线成本

绿色技术投资额外成本具体来说可以包括采用了绿色设计、使用绿色原料、绿色能源、清洁生产技术和工艺来减少排放而导致的在设计、土建、设备、环保等方面建设投资和生产成本的增加。基准线和绿色技术投资的成本可以通过平准化成本或运行期内总成本的净现值衡量，所以第二步是计算基准线情景下的平准化成本或运行期总成本净现值。影响平准化成本或成本净现值的要素有投资、经营成本、税收和折现率。

1. 情景一的基准线成本

情景一是由现有的设施或生产企业提供同等数量的非绿色产品和服务，而并不是投资使用绿色技术提供绿色产品和服务，但其污染排放达到国家规定的环境标准，这是符合国家的政策和法律、法规，但是不能增加减排效益。这一基准线情景下避免了新增的资本投资，需要付出购买非绿色产品或服务的成本。

假设绿色技术投资项目每年提供的绿色产品数量是 Q，该基准线情景下，购买非绿色产品的数量与绿色技术投资所生产的绿色产品数量相同，购买同样数量的非绿色产品的价格是 P。所得税税率采用企业所得税率（T），折现率（Dr）采用绿色技术投资中国家规定的行业折现率或投资者设定的投资财务内部收益率。基准线情景一下的变量、代号和平准化成本计算公式如表 7 所示：

表7 计算基准线情景一的基准线平准化成本的变量和计算公式

变量	代号	计算公式
年购买产品数量(非绿色产品)	Q	
购买价格	P	
年购买产品成本	C_0	$= P * Q$
所得税率	T	国家公布的所得税率
摊销成本节省所得税	TS_0	$= C_0 * T$
年成本现金流出	CO_0	$= C_0 - TS_0$
基准收益率	Dr	
年成本净现值	$NPVCO_0$	$= CO_0 * (1/(1 + Dr)^i)$
项目运行期内总成本净现值	$TNPVCO_0$	$= \sum_{i=1}^{n} NPVCO_{0i}$
项目运行期内购买非绿色产品数量	TQ	$= \sum_{i}^{n} Q_i$
单位平准化成本	LC_0	$= TNPVCO_0 / TQ$

年成本现金流出:$CO_0 = C_0 - TS_0 = C_0 - (C_0 \times T) = C_0(1 - T) =$

$$P \times Q \times (1 - T)$$

年成本净现值:$NPVCO_0 = CO_0 \times (1/(1 + Dr)^i) = P \times Q \times$

$$(1 - T) \times (1/(1 + Dr)^i)$$

运行期内总成本净现值 $TNPVCO_0 = \sum_{i=1}^{n} NPVCO_{0i}$

项目周期内非绿色产品单位产品平准化成本(LC_0)计算公

式如下:

$$LC_0 = TNPVCO_0/TQ = \sum_{i=1}^{n} NPVCO_{0i} / \sum_{i}^{n} Q_i$$

2.基准线情景二的基准线成本

情景二是投资建新厂,采用常规技术/非绿色技术来生产非绿色产品,但是环保、排放达到国家规定的要求,是现行的法律、法规、政策允许的。此情景要新增资本投资、生产经营成本,但不产生额外减排效益。

假设此情景下常规技术投资项目的资本投资为 I_0,每年采用常规技术生产同等数量的非绿色产品 Q,每年生产非绿色产品数量的经营成本是 OM_0。所得税税率是 T,折现率(Dr)采用绿色技术投资的行业折现率或投资者设定的投资财务内部收益率,残值率取行业标准。一般技术投资的变量代号和平准化成本计算公式如表8所示:

表8　计算常规技术投资项目平准化成本的变量表和计算公式

变量	代号	计算公式
初始资本投资	I_0	在建设期投入
年折旧	D_0	
年摊销	A_0	
年经营成本	OM_0	
残值	R_0	在最后一年回收
所得税	T	国家公布的所得税率

变量	代号	计算公式
摊销成本节省所得税	TS_0	$= (D_0 + A_0 + OM_0 - R_0) \times T$
年成本现金流出	CO_0	$= I_0 + OM_0 - TS_0$
行业基准折现率	Dr	
年成本净现值	$NPVCO_0$	$= CO_0 \times (1/(1 + Dr)^i)$
运行期内总成本净现值	$TNPVCO_0$	$= \sum_{i=1}^{n} NPVCO_{0i}$
项目运行期内生产绿色产品数量	TQ	$= \sum_{i}^{n} Q_i$
单位产品平准化成本	LC_0	$= TNPVCO_0/TQ$

计入年成本现金流出的变量有建设期内每年的资本投资（I_0）、经营成本（OM_0）、税收节省（TS_0）和最后一年的回收的残值（R_0）。

年成本现金流出（CO_0）：$CO_0 = I_0 + OM_0 - TS_0 = I_0 + OM_0 - (D_0 + A_0 + OM_0 - R_0) \times T$

年成本净现值：$NPVCO_0 = CO_0 \times (1/(1 + Dr)^i) = (I_0 + OM_0 - TS_0) \times (1/(1 + Dr)^i)$

运行期内总成本净现值：$TNPVCO_0 = \sum_{i=1}^{n} NPVCO_{0i}$

项目运行期内非绿色产品单位产品平准化成本（LC_0）计算公式如下：

$$LC_0 = TNPVCO_0/TQ = \sum_{i=1}^{n} NPVCO_{0i} / \sum_{i}^{n} Q_i$$

（三）绿色技术投资成本

采用绿色技术生产绿色产品和提供绿色服务需要新增资本投资和产生经营成本，但可以减少资源和能源的消耗，增加减排效益。

假设绿色技术投资项目的资本投资为 I_1，每年提供的绿色产品数量是 Q，每年生产绿色产品数量 Q 的经营成本是 OM_1。所得税税率是 T，折现率（Dr）采用绿色技术投资国家规定的行业折现率或投资者设定的投资财务内部收益率，残值率取行业标准。绿色技术投资的变量代号和平准化成本计算公式如表 9 所示：

表 9　计算绿色技术投资项目平准化成本的变量表和计算公式

变量	代号	计算公式
初始资本投资	I_1	在建设期投入
年折旧	D_1	
年摊销	A_1	
经营成本	OM_1	
残值	R_1	在最后一年回收
摊销成本节省所得税	TS_1	$= (D_1 + A_1 + OM_1 - R_1) \times T$
年成本现金流出	CO_1	$= I_1 + OM_1 - TS_1$
行业基准折现率	Dr	
年成本净现值	$NPVCO_1$	$= CO_1 \times (1/(1 + Dr)^i)$

变 量	代号	计算公式
运行期内总成本净现值	$TNPVCO_1$	$= \sum_{i=1}^{n} NPVTCO_{1i}$
项目运行期内生产绿色产品数量	TQ	$= \sum_{i}^{n} Q_i$
单位产品平准化成本	LC_1	$= TNPVCO_1/TQ$

计入年成本现金流的成本项目有建设期内每年的资本投资（I_1）、经营成本（OM_1）和税收节省（TS_1）。

年成本现金流出（CO_1）：$C_1 = I_1 + OM_1 - TS_1 = I_1 + OM_1 - (D_1 + A_1 + OM_1 - R_1) \times T$

年成本净现值：$NPVCO_1 = CO_1 \times (1/(1 + Dr)^i) = (I_1 + OM_1 - TS_1) \times (1/(1 + Dr)^i)$

运行期内总成本净现值：$TNPVCO_1 = \sum_{i=1}^{n} NPVCO_{1i}$

项目周期内单位绿色产品平准化成本（LC_1）计算公式如下：

$$LC_1 = TNPVCO_1/TQ = \sum_{i=1}^{n} NPVTCO_{1i}/\sum_{i}^{n} Q_i$$

（四） 计算绿色技术投资额外成本

第三步是比较基准线和绿色技术项目平准化成本或运行期成本净现值得出绿色技术额外成本。绿色技术投资的额外成本是绿色产品平准化成本和非绿色产品单位平准化产品之差，或运行期

内基准线成本和绿色技术项目成本的净现值之差

绿色技术额外成本 : $\Delta LC = LC_1 - LC_0$ 或 $\Delta TNPVCO = TNPVCO_1 - TNPVCO_0$ 公式 1

第三节 绿色技术投资额外成本的构成和分配

供应链管理将供应和生产环节的供应企业、生产企业看作是一个有机整体。本节将解析绿色额外成本在供应企业[①]和绿色技术的投资企业/生产企业组成的一级供应链下成本在供应、生产环节的传导和分配。

一、绿色技术投资额外成本的组成

绿色技术投的绿色额外成本可包括为了使用绿色原材料和绿色能源,采用清洁生产技术和工艺,提高环保标准和生产绿色产品所增加的投资成本和生产成本。这些额外成本的增加涉及原材料、能源、设备供应和生产等主要环节,这样绿色技术投资额外成

———————

① 本书只讨论一级供应企业和生产企业之间的成本转移。

本可以说是来源于上游供应企业传递下来的成本和生产过程中增加的成本。

二、绿色技术投资额外成本在供应链的传导和分配

从绿色技术投资额外成本的构成看,绿色技术投资所涉及的利益相关方包括了供应企业和生产企业,额外成本来源于供应环节和生产环节。

(一) 绿色技术投资供应链成本的转移

绿色技术投资企业/生产企业需要从上游供应企业获得产品和服务来生产绿色产品,然后把绿色产品/服务传递到下游企业或消费者,在这个过程中伴随企业之间成本的转移。上游供应企业提供的产品/服务以价格的形式将其成本传导给下游的生产企业/投资企业,上游企业在成本传递过程中也从下游生产企业中获取销售收入,上游供应企业的这部分销售收入变成了下游生产企业的投资成本。

(二) 绿色技术投资额外成本在供应链的分配方法

绿色技术投资相关的供应企业包括设备供应企业,原材料和能源、动力供应企业等。绿色技术投资企业从上游供应企业采购设备、绿色原材料和能源,采购成本变成其投资成本的一部分,这

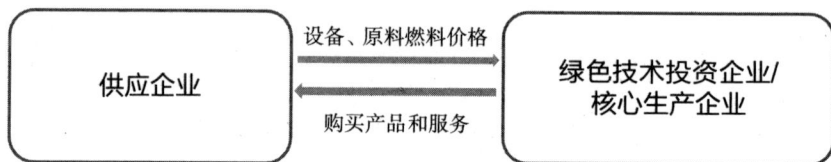

图 9 绿色技术投资供应链企业成本传导

部分成本成为由上游供应企业传导下来的绿色额外成本的来源，供应企业也因此获得销售这些产品的收益。同时绿色技术投资企业使用供应企业提供的设备、原材料和能源等生产绿色产品需要提供配套的生产设施和支付生产成本，这部分成本成为生产过程中产生的绿色额外成本。

绿色额外成本是在供应环节和生产环节产生，供应环节所产生的绿色额外成本是供应企业提供产品和服务的价值在绿色技术投资的比例和在生产经营成本的比例。生产环节所产生的绿色额外成本是使用绿色技术生产绿色产品所需的配套生产设施的投资成本占绿色技术投资的比例和生产绿色产品所产生的成本占经营成本的比例。

计算供应环节和生产环节所产生的绿色额外成本可分两步。第一步是计算供应企业所提供的产品在投资成本和经营成本中的比例，第二步根据其比例计算来自供应环节的绿色额外成本，最后计算生产环节所产生的绿色额外成本。

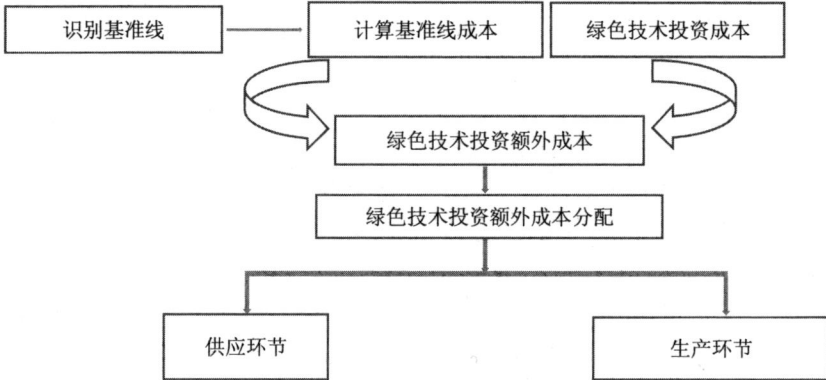

图 10　绿色额外成本量化和分配导图

1. 计算供应企业提供产品占投资成本和经营成本的比例

首先计算供应企业提供的设备、原材料和能源成本在项目工程投资成本或经营成本中的比例。

表 10　设备投资、原材料和能源成本变量占总投资成本和经营成本比例计算表

变量	代号	占投资或经营成本比例
绿色技术资本投资	I_1	
其中:购买绿色技术所需的设备投资	I_s	$= I_s/I_1$
年经营成本	OM_1	
其中:购买绿色原材料/绿色能源	C_s	$= C_s/OM_1$
绿色额外成本	$\Delta LC/\Delta TNPVCO$	

2. 计算供应环节所产生的绿色额外成本

供应环节所产生的绿色额外成本是供应企业提供产品和服务占总资本投资 I_1 的比例和占经营成本（OM_1）的比例乘以绿色技术额外成本 $\Delta LC/\Delta TNPVCO$。

来自于供应环节的额外成本（AC_s）＝（I_s/I_1）× $\Delta LC/\Delta TNPVCO$ ＋（C_s/OM_1）× $\Delta LC/\Delta TNPVCO$ 公式2

其中：AC_s——供应环节产生的绿色额外成本

I_s——绿色技术投资中的设备成本

I_1——绿色技术资本投资

OM_1——绿色技术投资项目运行的年经营成本

C_s——购买绿色原料和绿色能源的成本

$\Delta LC/\Delta TNPVCO$——绿色额外成本

3. 计算生产环节所产生的绿色额外成本

生产环节所产生的额外成本（AC_p）等于绿色额外成本减去供应环节所产生的绿色额外成本。

$AC_p = \Delta LC - AC_s$ 或 $AC_p = \Delta TNPVCO - AC_s$ 公式3

相对于基准线情景，绿色技术投资会产生额外成本。绿色技术投资为上游产业链和下游消费链的绿色化发展创造了机会，也为上游产业链和消费者带来了绿色经济效益。绿色技术投资的额外成本是来自供应环节传导下来的成本和生产过程中所产生的额外成本。

第 三 章

绿色额外成本和绿色收益
对绿色技术投资评价的影响

　　绿色技术投资会产生额外成本,也会带来绿色额外效益。同时绿色技术投资具有绿色成本内化和绿色效益外化的特点。现有的项目投资财务评估方法只考虑了绿色技术投资绿色额外成本,没有将其产生的绿色效益量化后转化为项目内在的绿色投资收益,这种评估方法的结果往往是绿色技术投资成本高而回报率低,财务上不可行。绿色技术投资成本和收益的不匹配、短期利益和长期利益的不平衡成为绿色技术投资的主要障碍。在第二章的绿色额外成本量化和绿色额外成本分配的基础上,本章将讨论绿色额外成本和绿色收益分配对绿色技术投资项目财务评价的影响。

第一节　基于环境成本和环境效益的
项目投资评价方法

一、环境成本的概念和环境成本内部化理论

（一）环境成本的内涵

国际上对环境成本的研究始于 20 世纪 70 年代,而环境成本得到全球各国普遍关注是在联合国统计署（UNSO）于 1993 年发布的 SEEA（System of Integrated Environment and Economic Accounting,环境与经济综合核算体系）中对于环境成本概念的阐述:环境成本指环境降级与资源的耗减带来的经济损失。

在环境会计领域中目前比较权威和广泛认同的观点是 1998 年联合国国际会计和报告标准政府间专家会议讨论通过的《环境会计和报告立场的公告》中对环境成本的定义:"本着以环境负责为原则,为管理企业活动所造成的环境影响所采取或被要求采取的一系列环境措施的成本,和为达到环境目标和要求所发生的其他成本。"该环境成本定义的核心是谁污染了环境,谁承担治理成本。

环境成本包括环境治理和预防的成本。环境成本可分为环境保护支出和环境退化成本,环境保护支出指为保护环境而实际支付的价值,环境退化成本指环境污染损失的价值和为保护环境应该支付的价值。环境成本按照不同功能具体可分为:环境污染补偿成本、环境损失成本、环境治理成本、环境保护维持成本和环境保护发展成本。

(二) 环境成本内部化理论

环境成本和效益的内部化是促进企业应用和投资绿色技术的内在动力,也是绿色技术投资成本和环境效益纳入项目投资经济评价的前提条件。

1.环境外部性理论

从经济学的角度,环境问题是一个外部性问题。外部性理论最早是由马歇尔(Alfred Marshall)于 1890 年提出,1920 年庇古(Arthur Cecil Pigou)在其《福利经济学》中对其进一步研究和完善。他提出了"外部经济"和"外部不经济"的概念。外部性指个体的经济活动给社会其他成员带来福利(外部经济性或正外部性),而他并没有得到补偿;或个体的经济活动给社会其他成员造成危害(外部不经济性或负的外部性),而并没有付出相应的成本。外部不经济性会导致资源的滥用和环境污染问题,即使是外部的经济性也会导致个体缺乏进行经济活动的动力。所以当外部性存在时,资源得不到最优的配置,环境的外部性理论说明了个体的边际成本和社会边际成本之间的差异和矛盾,为解决环境外部性问题奠定了基础。

2. 环境成本内部化理论

经济学家提出了以环境成本内部化来解决环境的外部性问题。环境成本内部化就是将具有稀缺性的环境资源视作一项生产要素,正确地估价生产产品和提供服务的环境损耗或影响并通过市场将它的价格机制反映出来。

环境成本内部化的方法上有两种理论,一种是古典经济学主张的政府干预方法的庇古理论,即通过征税和补贴的方式使私人成本和利益与相应的社会成本和利益相等,达到优化资源配置就可以实现外部效应的内部化。通过征税的办法向污染排放者收税,征收一个边际私人产品和边际社会产品的差额,即庇古税,从而达到控制污染排放。庇古理论形成了现代社会对企业污染征收排污费或环境税的理论依据。另一种是以科斯(Ronald H. Coase)为代表的制度经济学,主张以市场机制的方法来解决外部性问题的产权理论。产权理论解决外部不经济问题的思路是把外部性问题转变成产权问题。产权理论认为外部性可以通过私人谈判和交易成本的选择、产权的界定来解决。产权理论将外部性行为(如污染排放行为)看作是一种权利,并明晰产权和使其可以交易,然后由市场来决定这种权利的价值和配置。环境污染是一种典型的外部不经济性,科斯认为在分析外部不经济性时,如果恰当地界定资源的使用权,就可以消除外部不经济。产权理论成为排放权交易的理论基础。

3. 环境成本内部化方法在中国的实践

环境成本内部化可以提高资源的有效利用,阻止过度消费和控制污染。在实践应用中,环境成本内部化的工具有行政手段和经济手段。法律和法规是被普遍采用的行政手段,通过设定污染排放标准或环境绩效要求来使环境成本内部化于价格之中,如工厂排放标准、燃料效率标准等。经济手段包括税收、收费、排放许可交易和补贴制度等。

我国很长时间以来主要通过行政手段和排污收费模式及部分地区试点排污权交易模式。行政手段是指政府通过严格制定的环境标准,统一推广的污染治理技术和强制执行的法律法规使企业的排污符合国家要求。我国的环境标准制度、限期治理制度和"三同时"制度①都是这种模式的典型代表。这种模式过多地采取硬性规定直接对企业的排污行为进行干预,并通过制定统一的环境标准以实现管理目标,没有考虑企业在污染治理成本和收益方

---

① "三同时"制度源自我国 2015 年开始修订后施行的《环境保护法》第 41 条:"建设项目中防治污染的设施,应当与主体工程同时设计、同时施工、同时投产使用。

面的差异。

中国实施环境保护税以前,采用的是排污收费模式。排污费包括污水费、废气排污费、固体废物及危险废弃物排污和噪声超标排污费四种类型。这种模式的主要问题是:

第一,环境成本内部化收费体系不科学。一是我国实行的排污权收费制度着眼于末端单个排污企业的污染控制,缺乏对整个产业链前端、终端、末端整体的污染排放监测和控制;二是没有考虑地区总的环境容量。这样即使能够确保每个排污企业都达标排放,也不能使控制排放的污染物的总量低于环境容量,只要总量超过环境容量,环境质量仍会继续恶化。

第二,环境成本内部化排污收费偏低。由于难以准确衡量污染物的全部环境成本,再加上地方保护,排污收费一直偏低,而且违法排污的处罚成本也远低于所造成的环境污染成本,造成私人成本仍然远小于社会成本,企业宁可支付排污费和罚款也不愿进行污染治理。

中国继 2013 年启动 7 个碳排放权交易试点后,2017 年启动了国家碳排放权交易市场,对电力行业 1700 个企业实行二氧化碳排放总量控制,碳排放权交易市场将逐步扩大到建材、化工、钢铁、造纸和有色金属等其他工业行业。碳排放权交易制度在控制碳排放总量的基础上,允许企业购买碳排放配额来抵消碳排放或出售多余碳排放配额获得碳减排收益,这种方式体现了谁污染、谁治理,鼓励企业投资低碳技术和获得碳减排收益。

从 2018 年开始,《中华人民共和国环境保护税法》开始对大气污染物、水污染物、固体废物和噪声等污染物的排放进行征税,对污染物排放值低于排放标准的纳税人给予税收减免。环境保护税法规定,纳税人排放应税大气污染物或水污染物的浓度值低于国家和地方规定的污染物排放标准 30% 的,减按 75% 征收环境保护税;低于国家和地方规定的污染物排放标准 50% 的,减按 50% 征收环境保护税。新的环保税的设置体现了谁污染、谁治理的原则,同时减免税政策促进企业加大节能减排投入,调节排污者污染治理行为,建立绿色生产和消费体系。

二、基于环境成本的项目投资评价方法

基于环境成本的项目投资评价方法在不同程度上、从不同的角度考虑资源及环境因素对项目经济效益的直接和间接影响。考虑环境成本对项目投资评价的方法主要有财务净现值法、全成本评估法、生命周期评价法和自然资本估值法等。

(一) 财务净现值法

财务净现值法(Discounted Cash Flow,即 DCF)是传统的,也是是最常用的项目投资评价方法,主要以净现值、投资内部收益率等

贴现指标以及投资回收期作为评估指标,重点关注项目的财务可行性,在项目投资评估中考虑所预测的环境投资成本。结合投资项目的环境影响评价(Environmental Impact Assessment,即 EIA),该投资方法在财务评价中考虑了为避免投资活动可能带来的违反现行环境标准采取防范措施所付出的投资和运行成本,如建设期中环保设施投资成本、生态恢复成本、运行期的排污费和环保设施运行成本等。

(二) 全成本评估法

传统的投资决策方法(如净现值法)重点关注项目建设与运营期内的经济成本以及由企业直接负担的少量内部环境成本,没有考虑那些不明显、不可预计及难以计量的成本。综合环境与经济的全成本评估法(Total Cost Assessment,简称 TCA)于 20 世纪 90 年代初由美国泰勒斯研究院(Tellus Institute)提出,是一种全面考虑项目投资在整个生命周期内的环境成本和社会成本,并将其纳入到项目全部成本和收益中进行综合评价的财务分析方法。

TCA 评估方法认为资源和环境因素是利益相关者评估企业经营绩效的重要维度,直接影响利益相关者满意度并关系到利益相关者对企业的投入,因此它强调在分析投资项目的经济可行性时应充分考虑项目在整个生命周期内、在价值链中各环节的成本,即直接和间接成本、意外成本、无形成本和外部环境成本。其中外部环境成本是由企业造成而在某一时期由社会承担的成本,如资源消耗、环境恶化、未补偿的健康损害和区域生活质量下降等成本;意外成本是指将来可能发生的成本,包括可能发生的赔偿、罚金以及环境清理成本;无形成本指难以计量但应由公司承担的成本项目,如顾客接受程度及忠诚度、职工健康与满意度、社区关系和公司形象等;直接成本和间接成本所包括的成本要素与传统的投资分析方法相同。全成本评估的成本内涵比传统的项目投资分析中成本更全面,全面反映了与环境、经济决策相关的成本①。

TCA 方法将企业的经营目标与环境管理目标相结合,在此基础上进行的评估有助于减少企业项目投资的运营和环境违规风险,提高企业投资决策的科学合理性和环境的可持续发展。

（三）　生命周期评价法

生命周期评价(Life Cycle Assessment,即 LCA)是国际上环境管理和产品设计的一个重要支持工具。在项目投资评价中,LCA可用于识别投资活动中产生的各种环境成本,因此被广泛应用于项目投资的环境影响评价。

LCA 重点关注项目/产品生命周期内对生态环境、人类健康和资源消耗等方面的环境影响。它起源于 1969 年美国中西部研

---

① Curkovic S., Sroufe R., "Total quality environmental management and total cost assessment: an exploratory study", International Journal of Production Economics, 2007, 105(2:560-579).

究所对饮料容器从原材料采掘到废弃物最终处理的全过程进行的跟踪与定量分析。

生命周期评价法是一种用于评估产品在其整个生命周期中，即从原材料的获取、产品的生产直至产品使用后的处置整个过程对环境影响的技术和方法。LCA 方法首先识别和量化整个生命周期阶段中能量和物质的消耗以及污染排放，然后评价这些消耗和污染排放对环境的影响，最后辨识和评价减少这些影响的机会。

作为新的环境管理工具和预防性的环境保护手段，生命周期评价主要应用在通过确定和定量化能量和物质利用及废弃物的排放来评估一种产品、工序和生产活动造成的环境负载；评价能源、材料利用和废弃物排放的影响以及评价环境改善的方法。

LCA 提出将生命周期评价作为环境管理的工具，从而促进整个社会系统的可持续发展，目前是国际上广泛认同的用于评价产品或服务相关的环境因素及其整个生命周期环境影响的工具。

（四）自然资本估值法

自然资本估值法认为目前面临的环境挑战就是基于市场失灵，没有对自然资源使用带来的外部性成本内部化和对自然资源使用成本的定价，导致过度的资源消耗和污染排放。自然资本估值法将自然资本成本定义为企业在商业活动中所产生对环境和人类福祉所带来的影响。生态资源和服务的定价是反映人类社会和经济发展从这些资源和服务所获取的经济价值,然而在传统市场定价中,这些价值往往没有得到体现。因此自然资源估值法主张对自然资源定价,将使用自然资源的成本纳入传统经济和财务分析,使企业、政府、投资者等重要的持股者在投资决策和运营中充分考虑资源的节约使用和使用资源带来的环境影响。

该方法的代表性应用是由英国 Trucost 公司开发了自然资本估值模型对各个行业自然资源使用所带来的环境成本(包括温室气体排放、空气污染、水资源消耗、废弃物处理和土地利用变化的成本)进行财务估值。

在中国绿金委的支持下,Trucost 与工商银行共同筛选出 35个行业,基于六大环境指标为开发模型量化这些行业在生产过程中所产生的环境影响和社会成本,以财务和货币的方式来表达环境问题的风险性。这些外部成本包括了消耗自然资源对生态系统和人类福祉的负面影响,便于银行和其他投资机构了解并管理这些环境影响对信贷行业,对贷款和投资所面临的风险,从而帮助金融机构更全面地了解环境影响和改善信贷、投资策略。该研究发现,以环境影响因素来看,温室气体排放是自然资本最主要的来源,占总体的 74.5%,其次是土地使用(占自然资本的 11%)。从行业来看,煤炭发电占总自然资本成本的 26%,是所有商业银行贷款中环境影响最大的行业,包括 25 个子行业的制造业,也占了自然资本总成本的半壁江山。

三、基于环境效益货币化的项目投资评价方法

基于环境效益货币化的项目投资评价是将项目产生的环境效益成为投资决策的重要指标,然而将环境效益货币化纳入项目投资评估的评价方法并没有广泛应用。

(一)清洁发展机制(Clean Development Mechanism,即CDM)下的投资额外性分析方法

国际上第一次将项目的环境效益/绿色效益货币化并纳入项目投资评估是清洁发展机制(Clean Development Mechanism,即CDM)下的投资额外性分析。该方法是用于证明项目的额外性,即没有CDM的碳减排收益时,项目不是财务可行的,来自CDM的碳减排收益可以使项目从财务不可行变为可行。该方法将项目相对于基准线所减少的净的温室气体减排放量(额外减排量),以国际碳信用价格的形式货币化,作为项目收益的一部分(CDM收益)来评估项目的财务可行性,以证明项目来自CDM的碳减排收益是额外的,是导致项目由财务不可行变为财务可行的主要原因。

然而该方法只是考虑了温室气体减排效益的货币化,没有考虑其他污染物减排效益的货币化。

（二）经济费用效益分析法

经济费用效益法（Cost-Benefits Analysis）强调从资源配置的角度，分析项目投资的经济效率和对社会福利所作的贡献，以此评价项目经济合理性。它所比较的费用与效益都是作为与该经济活动的目标相关的后果而从社会的观点来考虑的，该方法通常用于那些财务现金流量不能全面、真实地反映其经济价值的项目评价。

费用效益分析着重于费用与效益两方面的计量与不同方案的相互比较，通过比较同一项目不同方案的经济成本和效益来评估项目价值，选择出最优的决策方案。它的基本原理是针对某项支出目标，提出若干实现该目标的方案，运用一定的技术方法，计算出每种方案的成本和收益，通过比较方法，并依据一定的原则，对经济活动方案的得失优劣进行评价比较，为投资决策提供依据。

原则上，费用的计量是与稀缺资源的有效使用相符合，效益的计量与国家政策的发展目标相一致。具体说来，一个方案或项目的费用包括基本费用（投资费用和经营费用）、辅助费用（为充分发挥效益而产生的有关费用）和无形费用（生态破坏、环境污染等引起的经济损失和社会代价）。效益相应地也包括基本效益（能直接提供的产品或服务的价值）、派生效益（有关派生活动所增加的收入）和无形效益（改善国家安全、减少生命死亡、环境保护和减少污染排放等社会效益）。

费用效益法是一种经济评价法，它与财务评价有很大差别，主要是:第一,它是按照资源合理配置的原则,从国家整体角度而不是从企业的角度来考察项目的费用和效益;第二,不是只分析直接的效益与费用,而是分析包括间接的效益与费用在内的全部的效益与费用;第三,不限于货币收支的比较,还包括不能用货币反映甚至较难数量化的一些效益与费用的比较;第四,不是只考虑可能发生的效益与费用,还包括预期决策后与行动方案选择有关的未来的效益与费用;第五,不同于财务分析,它是用货物的影子价格、影子工资、影子汇率和社会折现率等经济参数分析、计算项目对国民经济的净贡献,从而在宏观上评价项目的经济合理性。

费用效益分析通常用于评估那些政府投资和开发性银行投资的社会效益明显的公共服务项目、资源开发项目、政府垄断项目、以寻求政府在投资决策上如何以最小的成本来获得最大的效益。

四、对现有项目投资评价方法的评述

现有的项目投资评价采用的是以环境成本为主导的财务评价,并没有将环境效益/绿色效益货币化并作为项目财务收益纳入项目评估,这样的评价方法显然是绿色技术项目的财务成本高于财务收益。这样的评估方法只反映了绿色成本的内部化,没有将绿色技术投资的外部环境效益所带来的收益内部化,不能充分体现绿色技术投资的全部价值。

CDM 的投资额外性分析方法在项目财务评价中考虑了绿色技术投资环境效益带来的收益,然而其应用范围只限于温室气体减排所带来的收益,不包括其他污染物减排的收益。费用效益分析法虽然将项目的环境效益货币化并作为项目的收益纳入到项目投资评估,这种方法是经济评价法,是从宏观的角度来评估项目对社会所带来的经济贡献的经济评价方法,不是从企业的角度来评价项目本身为企业带来的投资收益。

鉴于现有项目投资评估方法存在的缺陷,需要建立一种将项目绿色成本和绿色收益都纳入项目投资的财务评价方法。

第二节　绿色额外成本、绿色收益对绿色技术投资财务评价的影响

一、绿色技术投资的特点和面临的困难

企业投资的目的是为了追求商业回报,这就决定了"成本—收益"是企业权衡投资决策的基本逻辑。收益能否覆盖成本(包括风险成本)并实现目标利润是决定企业是否愿意投资绿色技术

的关键。投资者承担的风险和要求的回报是成正比的。

绿色技术项目往往投资成本高、投资回收期限长、面临的不确定性较多。对于投资者来说，按照"成本—收益"权衡逻辑，就不会有投资绿色技术的内生动力和意愿，而且与常规的项目相比，绿色技术项目的融资也面临更多的困难。对于金融机构来说，在绿色技术项目前期调查、风险评估和决策上需要投入更多的人力、物力及时间，其成本相对其他类型的项目要大；而且，由于绿色技术项目所需资金量大、期限长及不确定性大，金融机构所需付出的资金成本和风险成本也相对较大，成本和风险的考量更多地影响金融机构为绿色技术项目融资的动力。

绿色技术投资项目具有成本内化和环境效益外化的特点。绿色技术投资项目产生的外部环境效益为社会带来福利。绿色技术项目内含为社会带来环境效益的成本，然而其产生的绿色效益却没有转化为投资收益反映在项目的投资评价。

二、绿色额外成本和绿色收益的量化和分配

（一）绿色额外成本分配和绿色技术投资相对成本

1. 绿色额外成本分配的必要性

供应链管理把供应企业和投资企业/核心生产企业看成是一

个利益整体,通过供应企业和投资企业/核心生产企业的合作,以最小的成本和合理的价格向消费者提供产品和服务。绿色技术投资的额外成本是来自上游供应环节传导下来的成本和生产过程中产生的额外成本。从供应链管理的角度看,有必要将绿色额外成本在供应企业和投资企业/核心生产企业中分摊。

如果绿色技术投资额外成本不在供应企业和投资企业/核心生产企业中分摊,通常情况下绿色额外成本是由投资企业/核心生产企业承担。绿色技术投资额外成本在供应企业和投资企业/生产企业分摊可以降低由末端投资企业/生产企业独自承担的全部绿色成本压力,提高绿色技术投资收益率。绿色额外成本在供应企业和生产企业的协调和合理分配也是供应链环境成本内部化的需要。

绿色技术投资和应用为上游供应企业提供了商业机会,绿色技术投资企业/核心生产企业从上游供应企业购买产品和服务为供应企业带来销售收益。从成本和利益关系看,绿色额外成本在供应企业和投资企业/生产企业之间的合理分配体现了合作共赢、成本和风险共担以及利益共享的原则。绿色技术投资额外成本在利益相关方之间的合理分配可以稳定利益相关方长期的供求关系,有利于带动绿色技术上下游产业链的发展。

2.绿色额外成本分配的方法

绿色额外成本在供应企业和投资企业/核心企业的协调和分

配可以根据绿色额外成本在供应和生产环节产生所分配额外成本来计算。根据第二章第二节的绿色额外成本在供应环节和生产环节的分配(公式 2、公式 3),供应企业所分配的额外成本等于供应环节所分配的额外成本。投资企业/核心生产企业所分配的额外成本等于生产环节所分配的额外成本:

供应企业所分摊的额外成本 $= AC_s = (I_s/I_1) \times \Delta LC/\Delta TNPVCO + (C_s/OM_1) \times \Delta LC/\Delta TNPVCO$

生产企业所分配的额外成本 $= AC_p = \Delta LC - AC_s$ 或 $AC_p = \Delta TNPVCO - AC_s$

3. 绿色技术相对投资成本

绿色技术投资额外成本分摊后,绿色技术投资的相对成本(LC_r)等于基准线的成本加上投资企业/核心生产企业分摊的额外成本即:

$$LC_r = LC_0 + AC_p \text{ 或 } TNPVCO_r = TNPVCO_0 + AC_p \qquad 公式 4$$

(二) 绿色收益的量化和分配

1. 绿色效益的主要类别

本书所量化的绿色效益是指在采用绿色技术的工业生产过程中,当企业占用和耗费同样的自然资源的条件下所带来的污染物排放减少,或提供同等数量产品和服务时所带来污染排放的减少,使生产和生活环境得到改善,从而对人的生活和生产环境造成正的影响效应。

污染物的主要种类包括大气污染物(包括二氧化硫(SO_2)、氮氧化物(NO_x)、颗粒物质(PM)(包括所有小于或等于 $10\mu m$ 的颗粒物)、氨(NH_3)和挥发性有机化合物(VOC)等)、水体污染物、固体废弃物、噪声和温室气体等。所计量的绿色效益可根据项目的实际情况和当地对特定污染物排放要求来评估。

2. 绿色效益的量化

绿色效益指绿色技术项目相对于基准线情景污染物排放的减少,绿色效益是绿色技术项目的排放与基准线排放的差值。计算绿色项目的绿色效益首先要识别基准线情景和计算基准线情景的染物排放量,然后计算绿色技术项目的污染物排放(减排类的绿色技术项目如可再生能源项目需要考虑其生产过程中所消耗能源、资源所带来的排放)。

计算基准线污染物排放和项目污染物的排放可根据所在国或国际采用的方法和标准来计算。温室气体排放减少可根据国际认可的方法如清洁发展机制(CDM)的方法学、黄金标准(GS)、志愿碳减排标准(VCS)、$ISO14064$ 等计算以及根据所在国的排放因子计算,或采用所在国所指定的方法学如中国温室气体自愿减排方法学来计算。

3. 绿色收益的量化方法

绿色额外收益(简称绿色收益)是将绿色效益货币化。不同的国家和不同的污染物种类可选择不同的绿色效益货币化的方法。现有的可以衡量绿色收益的方法常见污染物的边际减排成本、排污权的价格(如碳价)、避免基准线情景下的环境治理成本、排污费、环境税等。

边际减排成本和排污权价格是以基于市场机制定价方式来衡量减排的绿色收益,这种方式更能真实地反映绿色技术项目产生的绿色收益,但是并不是每一个国家或每一种污染物都采取排污权定价的方式或有边际减排成本的数据可得。

避免基准线情景下的环境治理成本(为了达到排放标准所需的环保设施投入和运行成本)、排污费和环境税是一种行政强制的手段给排污定价,这种方式通常不能完全体现环境成本的内部化,但这种方法的成本数据容易获得,以节省的排污费或税收来计算绿色收益的方法也很直接。采用哪一种方式取决于所在国的情况和数据的可获得性,如在中国实行的碳排放交易政策,温室气体的减排收益可以采用碳价乘以减排量,同时中国对污染物征收环境税,绿色收益可以根据污染物排放税率作为基础来计算污染物减排收益。

绿色收益即污染物的减排收益是污染物减排的数量乘以单位减排成本或排污权的价格,或排污费、环境税或环境治理的单位平准化成本。

$$R_e = \sum_i^n \Delta E_i \, C_i \qquad\qquad \text{公式 5}$$

R_e ——绿色收益/污染物减排收益；

ΔE_i —— i 污染物减排量；

C_i —— i 污染物单位边际减排成本或污染物排放权的价格、或基准线情景的单位环境治理成本或排污费、环境税率。

4. 绿色收益分配

绿色额外成本在供应企业和投资企业分摊,绿色技术投资产生的额外效益也应该在供应企业和投资企业分享。绿色收益（ R_e ）的分享也按供应企业和投资企业/核心生产企业所分摊的额外成本的比例相应分配。

供应企业分配的绿色收益 $R_{se} = (I_s/I_1) \times R_e + (C_s/OM_1) \times R_e$

公式 6

其中： R_{se} ——供应企业分配的绿色收益

投资企业/核心生产企业分配的收益 $R_{pe} = R_e - R_{se}$ 公式 7

5. 绿色技术投资收益

在绿色效益转为货币化收益和绿色收益分配后,绿色技术投资项目的收益等于项目产品收益加上投资企业/生产企业所分配的绿色收益即相对绿色收益。

$$R = R_p + R_{pe} \qquad\qquad \text{公式 8}$$

R ——绿色技术项目投资收益；

R_p ——绿色技术项目产品收益。

三、绿色额外成本、绿色收益对绿色技术投资财务评价的影响

（一）项目投资财务评价的方法和指标

投资项目盈利能力分析的主要指标是投资项目财务内部收益率和财务净现值。财务内部收益率（FIRR）值是项目计算期内累计净现金流量等于零时的折现率，即：

$$\sum_{i=1}^{n} (CI - CO)_i (1 + FIRR)^{-i} = 0 \qquad 公式9$$

其中：CI ——现金流入；

CO ——现金流出；

$(CI - CO)_i$ —— i 年现金流量；

n ——运行期。

在项目投资分析不考虑绿色额外成本分摊和绿色收益的情况下，项目的现金流入 CI 为产品的销售收入、回收固定资产残值和流动资金。现金流出 CO 包括项目投资、流动资金、经营成本、营业附加和所得税。

当 $FIRR$ 大于基准折现率或投资者需要的折现率时，项目在财务上是可行的。

财务净现值（*FNPV*）是按设定的折现率计算项目期内净现金流量之和。

$$FNPV = \sum_{i=1}^{n} (CI - CO)_i (1 + D_r)^{-i} \qquad 公式 10$$

D_r 为设定的折现率（可采用基准折现率或投资者自己设定的折现率）。

当净现值 *FNPV* 大于零时，说明项目在财务上是可行的。

（二）基于绿色额外成本和绿色收益分配的项目投资评估

与传统的项目投资财务评价方法不同，基于绿色额外成本分摊、绿色收益量化和分享的项目投资评价是将绿色技术投资的相对成本作为绿色项目的投资成本，将投资企业所分配的绿色收益作为投资收益的一部分纳入绿色技术项目投资评估。

1. 相对绿色技术投资和相对投资现金流出

（1）相对绿色技术投资

当考虑绿色技术项目的绿色额外成本分摊的情况下，在项目投资分析中以绿色技术投资相对成本替代项目的投资成本和经营成本。根据公式4，绿色技术项目相对投资成本等于基准线成本加上投资企业分摊的绿色额外成本，即：

$$LC_r = LC_0 + AC_p \text{ 或 } TNPVCOr = TNPVCO_0 + AC_p$$

（2）相对绿色技术投资现金流出

与相对投资成本相对应，项目投资分析中的现金流出等于绿色额外成本分摊后的绿色技术相对投资现金流出。根据公式4，相对投资成本现金流 CO_r 等于基准线成本现金流出加上绿色技术企业/核心生产企业所分摊的绿色额外成本现金流出。绿色额外成本现金流出等于绿色技术投资成本的现金流出减去基准线成本现金流出。投资企业所分摊的绿色额外成本现金流出的比例与其分摊的绿色额外成本的比例相同。

$$CO_r = CO_0 + \frac{\Delta AC_p}{\Delta LC/\Delta TNPVCO} \times \Delta CO = CO_0 + \frac{\Delta AC_p}{\Delta LC/\Delta TNPVCO} \times$$

$$(CO_1 - CO_0) \qquad\qquad 公式11$$

其中：CO_r——相对绿色技术投资现金流出；

CO_0——基准线成本现金流出；

CO_1——绿色技术项目成本现金流出；

$\Delta LC/\Delta TNPVCO$——绿色技术投资绿色额外成本。

2.绿色技术投资收益和绿色技术投资现金流入

（1）绿色技术投资收益

绿色技术项目绿色效益被量化为绿色收益作为绿色技术项目投资收益的一部分，绿色技术项目的投资收益包括绿色技术项目的产品收益和投资企业所分享的绿色收益。根据公式8

$$R = R_p + R_{pe}$$

其中：R——绿色技术项目的投资收益；

R_p ——绿色技术项目的产品收益；

R_{pe} ——投资企业分享的绿色收益。

（2）绿色技术投资现金流入

年现金流入（ CI ）等于年绿色技术的投资收益。最后一年现金流入等于投资收益加上回收投资残值和流动资金。

$$CI = R = R_p + R_{pe} \qquad\qquad 公式12$$

如果绿色技术投资额外成本不在供应链成员中分配，绿色效益没有转化为绿色收益作为绿色技术项目投资收益中的一部分，绿色技术投资所产生的额外成本通常由投资企业承担，而其为社会带来的绿色效益无法体现在项目的财务收益里，导致绿色项目在财务成本和收益的不平衡。

绿色技术投资额外成本和绿色收益的量化，及在供应企业和投资企业/核心生产企业之间的合理分配体现了合作共赢、成本和风险共担、利益共享的商业原则。按照成本比例将绿色额外成本和绿色收益在供应企业和投资企业进行分配，并将分配后的绿色技术项目的相对投资成本，以及相应的绿色收益纳入项目的投资评估，这种方法可以使项目的绿色成本和绿色效益同时按比例内部化，纠正绿色技术投资成本和收益不匹配的关系。

第 四 章

案例分析

　　电力行业、供暖是污染物排放的主要行业之一,是中国减排的重点,同时也是中国企业在"一带一路"国家集中投资的领域,绿色技术投资的潜力巨大。本章以电力行业中可再生能源技术投资项目类型作为案例研究,说明绿色技术投资额外成本的量化、绿色额外成本和绿色收益分摊方法的应用;同时选取了分布式太阳能热电综合利用供暖系统项目作为案例,分析其绿色额外成本、绿色收益量化,以及绿色额外成本分摊和绿色收益分享对项目投资回报率的影响。

第一节 分布式太阳能热电综合利用供暖
系统项目的绿色额外成本

一、项目的基本情况[①]

项目利用分布式太阳能发电技术、光热发电的集热技术,在农村地区建设分布式太阳能供电、供暖系统,解决农村冬季散煤供暖的问题。项目计划安装发电和供暖用户端 5 万户,解决 500 万平方米采暖问题,年均集热 5.4 亿千瓦,年均发电量 9.75 亿千瓦时。

项目采用光热发电的集热技术,可将 70%—75% 的太阳能转换成热能,通过前端循环系统,将能量输送至储热系统。每台设备集热功率≥3kw/h(实际功率由当地太阳辐射能量决定)。分布式发电为不可调度式并网光伏发电系统,太阳光通过太阳能电池组件转换成直流电,经过三相逆变器转换成三相交流电,再通过升压变压器转换成符合公共电网要求的交流电,直接接入公共电网。在供暖季节,太阳能转换为热能用于供暖。在非供暖季节,太阳能

---

① 项目情况来源于可行性研究报告。

用于发电并入电网。

项目工程总投资估算为 65.8 亿元,其中用户端太阳能热电综合利用供暖系统投入 65 亿元,与厂区配套建设相关的工程费 8000 万元。铺底流动资金为 44000 万元。资金来源为 30%自有资金及 70%银行贷款,贷款期 10 年,利率 4.9%。

二、项目的绿色额外成本

(一) 项目的基准线成本

1. 项目的基准线

计算项目的基准线成本的第一步是识别投资项目的基准线情景。

该项目存在的可能基准线情景有:

(1)继续现有的状况,即仍然采用燃烧散煤为主的分散供暖方式和电网供电;

(2)建设同等规模的燃煤为主的集中供暖和供电系统。

情景一,当地农村普遍存在的冬季取暖和用电的方式。当地冬季取暖以燃烧原煤或蜂窝煤为主,辅助燃料为秸秆,家庭的取暖系统与做饭系统合二为一。农村用电主要是通过以燃煤电厂为主的电网供电,然而这种取暖方式的能源利用率较低,农村主要使用的煤炉普遍存在燃煤不充分和热耗散较大等一系列问题。这种方式国家不鼓励,但是目前仍然没有有效的替代办法,仍然是国家现有的法律、法规允许的。

情景二,建设同等规模的燃煤发电和集中供暖系统。按照年运行小时为 5500 小时/年[①],提供该项目同等规模的发电量 9.75 亿千瓦时,需要建设一个装机规模为 17.7 万千瓦的火电厂,然而 20 万千瓦以下煤电机组属于淘汰机组,不允许建设[②]。国家政策是允许建设燃煤集中供热系统,然而农村农户分散居住,难以实现集中供暖的方式,因此情景不可能是项目的基准线情景。

从上述分析得出情景一,即在没有本项目提供供暖和供电的情况下,当地农民采用燃煤分散供暖和电网供电的方式是本项目的基准线情景。

2.项目基准线成本

基准线的成本主要是购买煤和电的成本,以运行期内总成本的净现值来计量。该项目每年生产为农户提供 500 万平方米采暖,相当于年均集热 5.4 亿千瓦,年均发电量 9.75 亿千瓦时。按散煤采暖热利用率约为 50%,项目供暖系统每年可节约标煤

---

① 北极星电力网:《2016 年全国 6000 千瓦及以上电厂发电设备平均利用小时情况》,2017 年 1 月 27 日,http://news.bjx.com.cn/html/20170127/805920.shtml。

② 山东省发展和改革委员会等:《关于严格禁止违规建设煤电机组的通知》,鲁发改能源〔2016〕1357 号。

13.27万吨,供电节约可节约标煤30万吨(按热电厂煤电转换效率40%)。项目所在地区在2016年开始实施了农村散煤清洁化治理和清洁煤利用,要求销售和使用民用散煤发热量至少需达到23.83兆焦耳/公斤(5700大卡/公斤)[①],发电用煤热值要达到6000大卡/公斤,这样提供500万平方米的供暖,每年集热5.4亿千瓦,相当于每年燃烧16.3万吨散煤,5500—6000大卡热值的混煤价格是635—645元/吨(2017年11月14日价)[②]。年均发电量9.75亿千瓦时,山东省民用电价为0.5469元/千瓦时[③]。

该基准线情景下,购买散煤供热和和购电的数量与分布式太阳能热电综合利用供暖系统项目所提供的热和电是相同的。购买同样数量热所需燃烧散煤量是Q_1,煤价格是P_1。购电的数量是Q_2,价格是P_2。所得税税率是33%。电的增值税率为17%,煤的增值税率为11%。折现率(Dr)采用国家供热和供电的基准收益率8%[④],分布式太阳能热电综合利用供暖系统项目运行期为25

① 山东省煤炭工业局:《山东省农村地区散煤清洁化治理行动方案》,鲁煤经运〔2016〕69号。

② 中国煤炭市场网:《2017年11月14日山东地区煤炭价格》,http://www.cctd.com.cn/show-313-174248-1.html。

③ 山东省物价局:《山东省物价局关于山东电网2017—2019年输配电价有关事项的通知》,鲁价格一发〔2017〕80号。

④ 国家发改委和建设部:《建设项目经济评价方法于参数》(第三版),2006年,第203页。

年。根据第二章的表 7 所示,计算该项目基准线情景的变量代号、取值和运行期内总成本的净现值计算公式如下表:

表 11　计算基准线成本现金流出和成本净现值的变量和计算公式

变量	代号	计算公式	数量	数据来源
年购买散煤	Q_1		16.2965 万吨	计算
购买散煤价格	P_1		645 元/吨	市场公布数据
平均年供暖需要购买散煤净成本①	PC_1	$= Q_1 \times P_1 \times (1 - 11\%)$	8906 万元	计算
年购电	Q_2		97500 万千瓦时	可研
购电价格②	P_2		0.5469 元/千瓦时	物价局公布数据
年购电净成本	PC_2	$= Q_2 \times P_2 \times (1 - 17\%)$	42134 万元	计算
年摊销成本节省所得税	TS_0	$= (PC_1 + PC_2) \times 33\%$	16843 万元	计算
年平均成本现金流出	CO_0	$= PC_1 + PC_2 - TS_0$	34196 万元	计算
行业基准收益率	Dr		8%	国家供热行业基准
平均年成本净现值	$NPVCO_0$	$= CO_0 \times (1/(1 + Dr)^i)$	13781 万元	计算
项目运行期	N		25 年	可研

①　购煤净成本不含增值税。
②　购电净成本不含增值税。

变量	代号	计算公式	数量	数据来源
项目运行期内总成本净现值	$TNPVCO_0$	$=\sum_{i=1}^{n=25} NPVCO_{0i}$	344518 万元	计算

总成本净现金流出 $TCO_0 = \sum_{i=1}^{n} CO_{0i} = 25 \times (PC_1 + PC_2 - TS_0)$

$= 25 \times (PC_1 + PC_2) - 25 \times (PC_1 + PC_2) \times 33\%$

$= 25 \times (PC_1 + PC_2) \times (1 - 33\%)$

$= 25 \times (8906 + 42134) \times (1 - 33\%)$

$= 854911$ 万元

项目运行周期内购散煤和购电的总成本净现值为:

$TNPVCO_0 = \sum_{i=1}^{n} NPVC_{0i} = 344518$ 万元

所以基准线成本为344518万元。

(2)分布式太阳能热电综合利用供暖系统项目成本

项目没有购买燃料的成本,但是需要新增投资和运行成本。假设项目工程投资为 I_1,经营成本是 OM_1,水的增值税率为11%,电的增值税率为17%,所得税税率是33%,折现率(Dr)为8%。项目运行期25年本项目的残值率为0。用于计算项目成本净现值的要素包括有建设期内每年的资本投资(I_1)、经营成本(OM_1)、税收节省(TS_1)、基准收益率。根据第二章的表9,项目

投资的变量代号和总成本净现值计算公式如表 12 所示:

表 12 计算绿色技术投资项目总成本净现值的变量表和计算公式

项目	代号	计算公式	数量	数据来源
项目工程投资	I_1	建设期为三年	658000 万元	可研
年折旧	D_1		26320 万元	可研
年摊销	A_1		140 万元	可研
年平均经营成本	OM_1		2226 万元	可研
残值	R_1		0	可研
运行周期	N		25 年	可研
摊销成本平均年节省所得税	TS_1	$= (D_1 + A_1 + OM_1 - R_1) \times 33\%$	9467 万元	计算
平均年成本现金流出	CO_1	$= I_i + OM_1 - TS_1$	18346 万元	计算
行业基准折现率	Dr		8%	国家供热行业基准
平均年成本现值	$NPVCO_1$	$= CO_1 \times (1/(1 + Dr)^i)$	20133 万元	计算
生命周期内总成本净现值	$TNPVCO_1$	$= \sum_{i=1}^{n} NPVCO_{1i}$	523465 万元	计算

运行期总成本净现金流出(TCO_1)$= \sum_{i=1}^{n} CO_{1i} = I_1 + 25 \times OM_1 - 25 \times TS_1 = I_1 + 25 \times OM_1 - 25 \times (D_1 + A_1 + OM_1 - R_1) \times 33\% = 658000 + 25 \times 2266 - 25 \times (26320 + 140 + 2226 - 0) \times 33\% = 476993$ 万元

项目周期内分布式太阳能热电综合利用供暖系统项目总成本净现值：

$$TNPVCO_1 = \sum_{i=1}^{n} NPVCO_{1i} = 523465 \text{ 万元}$$

（3）分布式太阳能热电综合利用供暖系统项目绿色额外成本

该项目的绿色额外成本等于分布式太阳能热电综合利用供暖系统项目运行期内总成本净现值减去基准线成本的净现值：

$$\Delta TNPVCO = TNPVCO_o - TNPVCO_1 = 523465 - 344518 = 178947 \text{ 万元}$$

分布式太阳能热电综合利用供暖系统项目比基准线成本增加了52%。

第二节　分布式太阳能热电综合利用
供暖系统项目的绿色收益

一、项目的绿色效益

项目为可再生能源替代煤供暖和发电。在项目的基准线情景为采用燃烧散煤为主的分散供暖方式和电网供电①的情况下,项目的绿色效益包括两部分:避免供暖散煤燃烧所减少的污染物排放和 CO_2 排放以及避免燃煤供电所带来的污染物排放和 CO_2 排放。

与基准线情景相比,项目供暖系统每年可节约标煤 13.27 万吨,发电系统每年可节约标煤 30 万吨(按热电厂煤电转换效率 40%)。项目全部安装完成后,年可减少标煤合计 43.27 万吨。相当于供暖每年减少燃烧 16.3 万吨散煤,发电减少 35 万吨原煤(见表 13)。

该项目的建设不仅解决燃烧散煤采暖造成的污染,又可减少发电使用燃煤量,可有效减少因燃煤造成的有害物质排放量,减轻环境污染,对改善环境具有积极的作用。

表 13　项目能源节约和光伏并网电量

	标煤(万吨)	相当于原煤(万吨)	光伏发电并网电量(万千瓦时)
供暖节省煤	13.3	16.3	
供电节省煤	30.0	35.0	97500

（一）污染物减排效益

污染物的减排量等于燃烧每吨原煤的污染物排放系数乘以节省的原煤量。根据散煤供暖和电厂燃煤的排放系数(如表 14 所

———————

①　电网供电是以通过连接电网的燃煤电厂为主的供电。

示),项目每年减少燃烧原煤 36.3 万吨,由此可减少 93 万公斤二氧化硫、54 万公斤氮氧化物、186 万公斤 PM2.5 和 220 万公斤 PM10 的排放(见表 15)。

表 14 煤的污染物排放系数

	SO$_2$ (千克/吨煤)	NOx 千克/吨煤)	PM2.5 (千克/吨煤)	PM10 (千克/吨煤)
散煤燃烧(原煤)	4	1.6	11	13.5
电厂燃烧(原煤)	0.8	0.8	0.2	

数据来源:别凡:《散煤治理与大气污染防治》,《中国能源报》2016 年 10 月 8 日;PM10 的排放系数来源于环保部《民用煤大气污染物排放清单编制技术指南(试行)》。

表 15 项目的污染物减排效益

污染物减排	SO$_2$	Nox	PM2.5	PM10	污染物减排合计
供暖散煤燃烧(万千克)	65	26	179	220	491
电厂(万千克)	28	28	7	0	63
合计(万千克)	93	54	186	220	554

(二) 二氧化碳减排效益

供暖的 CO$_2$ 的减排量等于标煤的排放因子乘以供暖节省的标煤量,发电的 CO$_2$ 减排量等于电网的排放因子乘以每年的并网电量。项目所发电量并入华北电网,按照华北电网的 CO$_2$ 排放因子和燃烧每吨标煤排放 2.62 吨 CO$_2$ 计算,项目还可带来 123 万吨的

CO_2 减排效益(见表16和表17)。

供暖节省煤减排 CO_2 = 标煤排放因子×年供暖节省标煤量

发电节省煤减排 CO_2 = 电网排放因子×年并网电量

表16　煤和电的 CO_2 排放因子

	CO_2
标煤(吨 CO_2/吨煤)	2.62
2015 华北电网 OM(tCO_2/MWh)	1.0416
2015 华北电网 BM(tCO_2/MWh)	0.478
2015 华北电网排放因子 CM(t$CO2$/MWh)	0.9007

数据来源:国家发改委:《2015 年中国区域电网基准线排放因子》,http://cdm.ccchina.gov.cn。

表17　CO_2 减排效益

	CO_2 减排
供暖节省煤减排 CO_2(万吨)	35
发电减排 CO_2(万吨)	88
总减排量 CO_2(万吨)	123

二、项目的绿色收益

中国已经开始实施环境税和建立了国家碳市场,所以该项目的绿色收益是减少污染物排放的税收成本,以及 CO_2 减排量在市场销售的收入。根据中国最近颁布《中华人民共和国环境保护税法》,大气污染物的税额是 1.2—12 元/当量,由于目前各地尚没有出台具体大气污染物的排放税率,该项目取大气污染物的排放税率中间值 6 元/当量来计算污染物的减排收益。计算的 CO_2 的减排收益价格采用 2017 年中国碳交易试点的平均碳价 38 元/吨 CO_2[1]。

(一)污染物减排收益

污染物每年的减排收益是以某一污染物减排量除以该污染物的当量值得出污染物的当量数,然后以当量数乘以污染物的排放税率得出其减排收益,计算公式如下:

$$R_a = \sum_i^n \frac{A_i}{B_i} \times G_i$$

式中:

R_a——污染物的减排收益;

A_i——污染物 i 减排量;

B_i——污染物 i 的当量值;

G_i——污染物 i 的排放税率。

污染物的当量值根据最近颁布的《中华人民共和国环境保护税法》得出。

---

[1] 中国碳论坛(CCF)、ICF 国际咨询公司、北京中创碳投科技有限公司及荷兰排放管理局(NEA):《2017 年中国碳价调查》,2017 年 11 月。

根据上述公式,该项目的污染物减排收益为:

$$R_a = (\frac{SO_2 \text{ 减排量}}{SO_2 \text{ 当量值}} + \frac{NOx \text{ 减排量}}{NOx \text{ 当量值}} + \frac{PM2.5 \text{ 减排量}}{PM2.5 \text{ 当量值}} +$$

$$\frac{PM10 \text{ 减排量}}{PM10 \text{ 当量值}}) \times \text{大气污染物税率}$$

$$= (\frac{93 \text{ 万千克}}{0.95} + \frac{54 \text{ 万千克}}{0.95} + \frac{186 \text{ 万千克}}{4} + \frac{220 \text{ 万千克}}{4}) \times$$

6 元／当量

= 1539 万元

减少污染物排放所避免缴纳的税为 1539 万元,这相当于项目带来的绿色收益。

表 18 污染物减排效益和减排收益表

污染物减排效益	SO₂	NOx	PM2.5	PM10	污染物减排合计
供暖散煤燃烧(万千克)	65	26	179	220	491
电厂(万千克)	28	28	7	0	63
合计(万千克)	93	54	186	220	554
当量值/千克	0.95	0.95	4	4	
当量数(当量)	98	57	47	55	257
环境税率(元/当量)	6	6	6	6	
污染物减排收益(万元)	589	342	279	330	1539

(二) CO_2 减排收益

CO_2 减排收益等于减排量乘以碳价。根据绿色效益的计算,项目

总的 CO_2 减排量为 123 万吨/年,碳价为 38 元/年。则碳减排的收益为

$$R_{co_2} = C \times P_c = 123 \times 38 = 4661 \text{ 万元};$$

式中：R_{co_2} 为 CO_2 减排收益;

C 为 CO_2 减排量;

P_c 为碳价。

表 19 CO_2 减排效益和减排收益

CO_2 减排	CO_2
供暖节省煤减排 CO_2(万吨)	35
发电减排 CO_2(万吨)	88
总减排量 CO_2(万吨)	123
碳价(元/吨 CO_2)	38
CO_2 减排收益(万元)	4661

根据上述计算结果,项目每年总的减排收益为:

$$R_e = R_a + R_{co_2} = 1539 + 4661 = 6201 \text{ 万元}$$

三、项目绿色额外成本和绿色收益分配

(一) 绿色额外成本配

1. 供应企业分配的绿色额外成本

项目的总投资 $I_1 = 642263$ 万元,其中太阳能热电综合利用供

暖系统项目用户端设备投资为 642263 万元,这是供应企业向投资企业提供的设备价值,所以 I_s = 642263 万元。该项目不涉及购买原料/和能源,所以 C_s = 0。

这样额外成本来自于供应环节的比例 = I_s/I_1 = 642263/658000 = 97.61%

根据公式 3,供应企业所分摊的额外成本等于供应环节所产生的额外成本,即

$$AC_s = (I_s/I_1) \times \Delta LC/\Delta TNPVCO + (C_S/OM_1) \times \Delta LC/\Delta TNPVCO$$

= 97.61%×178947+(0/2226)×178947 = 174667 万元

2. 投资企业分配的绿色额外成本

投资期企业/生产企业需要为使用该项技术提供配套的土建工程、配套设施和运营费用。投资企业/生产企业所承担额外成本等于生产环节所产生的额外成本,根据公式 3,其分摊的绿色额外成本等于绿色额外成本减去供应企业分配额外成本的余额,则投资企业/生产企业分配的成本计算为:

$$AC_p = \Delta TNPVCO - AC_s = 178947 - 174667 = 4280 \text{ 万元}$$

相当于供应企业分摊 2.39% 的绿色额外成本。

(二) 绿色收益分配

绿色收益(R_e)的分配也按供应企业和投资企业/核心生产

企业所分配的额外成本的比例相应分配。根据绿色收益分配的公式(公式 6、公式 7)和上述绿色额外成本的分配比例及绿色额外收益的计算结果,绿色收益分配计算如下:

供应企业分配的绿色收益 $R_{se} = (I_s/I_1) \times R_e + (C_s/OM_1) \times R_e$

$= 97.61\% \times 6201$ 万元 $= 6053$ 万元

投资企业分配的绿色收益 $= R_{pe} = R_e - R_{se} = 6201 - 6053 = 148$ 万元

第三节　额外成本和绿色收益分配下的
项目投资财务评价

当不考虑额外成本分摊和绿色收益的项目投资分析时,项目融资前的财务内部收益率为 6%,财务净现值为 -103308 万元。融资后的财务内部收益率为 4%。

一、项目投资财务评估的基本参数

将绿色额外成本和绿色收益在供应企业和投资企业进行分配,然后将绿色技术相对投资成本和技术投资者所分配的绿色收益纳入分布式太阳能热电综合利用供暖系统项目投资财务评价。因此在项目融资前的投资财务分析中,现金流出包括相对投资成本净现金流出、城建税和教育附加费、所得税和流动资金;教育附加费按 3%,城建税为 5%,所得税按 33%;现金流入包括售电收入和投资企业所分配的绿色收入和流动资金和残值回收等;项目建项目投产期 3 年,第 1 年投产达产 20%,第 2 年投产达产 60%,第 3 年及以后投产达到 100%。

表 20 计算项目投资财务内部收益率的主要参数表

项目	代号	计算公式	数量	数据来源
并网电量	Q		97500 万 kWh/年	可研
电价(不含税)	P		0.7304 元/kWh	可研
绿色收益	R_e		6201 万元/年	计算
生产者/投资者所分摊的绿色收益	R_{pe}		148 万元/年	计算
残值	R_1		0	可研
铺底流动资金	W		44000 万元	可研
相对绿色技术投资成本平均年现金流出	CO_r		万元	计算
城建税和教育附加费	T_1		1162 万元/年	计算
收入所得税	T_2	$= (Q \times P + Re - T_1) \times 33\%$	23134 万元/年	计算

二、项目的相对投资成本和现金流出

（一）绿色技术相对投资

根据公式 4，项目的相对投资成本 $TNPVCOr = TNPVCO_0 + AC_p = 344518 + 4280 = 348798$ 万元

（二）绿色技术相对投资成本现金流出

绿色技术投资成本相对现金流出 CO_r 等于基准线现金流出加上绿色技术企业/核心生产企业所分配的绿色额外成本现金流出。绿色额外成本现金流出等于绿色技术投资成本的现金流出减去基准线成本现金流出。投资企业所分配的绿色额外成本现金流出的比例与其分配的绿色额外成本的比例相同，根据第三章公式 11，绿色技术相对投资成本现金流出计算如下：

$$CO_r = CO_0 + \frac{\Delta AC_p}{\Delta LC / \Delta TNPVCO} \times \Delta CO = CO_0 + \frac{\Delta AC_p}{\Delta LC / \Delta TNPVCO} \times (CO_1 - CO_0)$$

根据第四章表 11 的计算结果，基准线平均年成本现金 $CO_0 = 34196$ 万元

根据第四章表 12 的计算结果，项目的年平均成本现金流出 $CO_1 = 18346$ 万元 。

投资企业分摊的绿色额外成本比例为 2.39%，这样相对投资成本平均年现金流出 CO_r 计算为：

$$CO_r = CO_0 + \frac{\Delta ACp}{\Delta TNPVCO} \times (CO_1 - CO_0) = 34196 + 2.39\% \times$$

（18346 − 34196）= 33817 万元

项目投资年现金流出（CO）包括相对投资成本现金流出（CO_r）、营业税附加、销售收入所得税和流动资金。

三、项目投资收益和现金流入

（1）绿色技术投资收益

根据公式 8，绿色技术项目的投资收益（R）包括绿色技术项目的产品收益和投资企业所分配的绿色收益。

$$R = R_p + R_{pe}$$

项目每年的售电收益 R_p = 电价 × 电量 = 0.7304 × 97500 万元 = 71214 万元

投资企业所分配的绿色收益 = 148 万元

项目的投资收益 = $R = R_p + R_{pe}$ = 71214 + 148 = 71362 万元

（2）绿色技术投资项目现金流入

根据公式 12，年现金流入（CI）等于绿色技术的投资收益。

最后一年现金流入等于投资收益加上残值和流动资金回收。

$$CI = R = R_p + R_{pe} = 71214 + 148 = 71362 \text{ 万元}$$

四、投资项目的财务收益率

根据第三章公式 9 和公式 10,按照绿色额外成本和绿色收益分配后所计算的项目现金流出和流入来计算的项目融资前的财务内部收益率为 20%,高于行业内部收益率 8%;项目的财务净现值为 62958 万元。项目融资前的财务内部收益率由原来的 6% 提高到 20%,财务净现值由 −103308 万元变为 62958 万元。

在分布式太阳能热电综合利用供暖系统项目案例分析说明了基于绿色额外成本和绿色收益分摊的项目投资分析方法将绿色额外成本和绿色收益按比例内部化,以成本—效益的方式体现在项目投资财务评价,可以显著提高绿色技术项目的投资收益率,使项目由财务不可行变为财务可行。

第 五 章

构建绿色技术投资额外成本分摊和绿色收益分享机制

绿色技术投资具有绿色成本内化和绿色效益外化的特点,加上绿色技术作为一种新兴技术类型,面临的技术风险和市场风险都高于非绿色技术投资,这些特点和额外的风险因素造成绿色技术投资成本高、风险高及回报率低。投资成本和风险与投资收益的不匹配使企业和投资者缺乏投资绿色技术的动力。

当前解决绿色技术投资成本高和收益低的问题的手段更多是依靠外部政策手段:一是通过政府的财政补贴和税收减免来降低绿色技术投资的成本;二是将环境成本内部化,通过对污染物实现有偿排放,如征收环境税、排污收费和排放权交易等来增加对非绿色技术投资的成本,降低非绿色技术投资的回报,引导企业投资绿色技术;三是通过绿色金融来降低绿色技术投资的融资成本,引导金融机构和社会对绿色技术的投资。这些外部政策手段并没有从源头上解决绿色技术投资成本和投资收益的矛盾。在实践中,我国绿色投资的发展主要依靠政府"有形"的手推动,尤其是通过财政补贴和税收减免的方式,这种方式一方面给财政带来沉重的压力,另一方面也引起企业为了抢占市场、追求补贴而盲目发展,导致产能过剩。从长期发展看,通过补贴驱动的绿色技术投资不是长期可持续的一种方式,也往往给投资者带来很大的不确定性。

针对现有绿色技术投资政策存在的问题,并在第二、三、四章的研究基础上,本章从产业和企业的角度,提出建立绿色额外成本分摊和绿色收益分享机制的必要性和方法。

第一节　现有解决绿色技术投资额外成本的方法

一、政策类型和特点

(一) 财政和税收激励政策

财税激励政策是政府在绿色技术发展初期普遍采用的做法,

主要是通过财政直接补贴、对绿色技术产品实行定价优惠制度、对绿色技术投资实施税收优惠政策等。

1. 税收优惠

政府为了推动绿色技术的应用,通过对绿色技术企业采取税收抵免或税收激励机制来降低投资成本。税收激励机制包括降低税率或免除某些设备税收或产品销售收入的税收。最常用的税收优惠是对购买绿色和销售绿色技术设备和产品的税收如营业税和增值税或特定环境税的减免或降低对企业所得税征收、加快设备折旧的方式。这些政策可以改变绿色技术投资的相对成本和提高收益,促使企业在购买设备时选择绿色技术,促进绿色技术的应用和投资。

税收优惠的一个例子是英国的增强资本免税(Enhanced Capital Allowance Scheme, ECA)计划,该政策允许公司用购买资源效率高的技术设备成本来抵消应税利润。中国也制定了对企业购买节能设备和可再生能源设备增值税进行减免或抵扣营业税附加的政策,例如在早期中国免除水电、风能和生物质能设备等关键技术设备的进口关税和增值税等。

税收优惠虽然是通过税收系统运作的,但也可以被视为政府的间接补贴(也称为税收补贴),其实质上是政府放弃税收来促进绿色技术投资。税收优惠只能用于解决内化的绿色技术投资的额外成本,并没有将环境成本内部化,不能用于解决企业投资活动造成的负外部性影响。

2. 直接补贴政策

政府为了鼓励企业提高资源使用效率,对使用某种技术和资源进行直接的固定补贴方式。通过这样的激励政策来实现资源节约和环境可持续发展的目标。在各个国家都存在大量补贴政策,尤其是能源领域,如对可再生能源的补贴和对使用节能产品的补贴。例如政府对低碳电力的投资者采取额外于市场价的固定补贴方式,固定补贴是对一般电力市场上销售收入的补充,政府根据其发电量向投资者支付固定的费用,补充了其市场收入的不足。例如中国实施的生物质发电项目补贴政策,生物质发电厂补贴电价为 0.25 元/kWh,配电网连接的太阳能光伏电价为 0.42 元/kWh,此外,还允许计划外的电力以普通的煤电价格出售给电网。

印度为了促进可再生能源发展,在 2008 年引入了基于发电的激励机制(GBI),为首批 4000MW 风电场提供补贴,补贴激励政策至少 4 年,最长 10 年。风电场的补贴为每千瓦时 0.50 卢比(0.01 美元),补贴的上限为每兆瓦 620 万卢比(121000 美元),年度补贴最多不超过每 42.5 万卢比/MW(30000 美元)。对于并网太阳能光伏电站,GBI 是 12INR/kWh(0.23 美元/kWh),太阳热电厂为 10INR/kwh(0.20 美元/kWh)。

3.固定价格模式

政府为了降低绿色技术投资者的市场风险,向投资者承诺购买数量和购买价格,提供某种固定价格的长期购买合同,以保证投资者获得必要的回报。例如在低碳电力投资中,政府向低碳电力生产者提供商定的并网电价的长期购买合同,政府在合同执行中有义务以商定电价购买所发电量。固定的并网电价将投资者与电力市场的价格风险隔离开来,保障了财务收入确定性,降低了财务成本,从而提高资本密集型可再生能源技术的吸引力。固定价格系统的优势在于即使是小型项目开发商也能够为高负债的项目提供融资。固定并网电价政策被许多欧洲和亚洲国家广泛用来促进可再生能源的发展,如奥地利、英国、德国、荷兰、瑞士、日本、中国、印度、泰国等。中国将并网电价政策应用于风能和太阳能光伏发电,成功推动了风能和太阳能的快速发展。

4.政府采购绿色产品

为了鼓励企业使用绿色技术生产,政府机构使用财政资金购买绿色货物、工程和服务,通过政府消费来拉动绿色技术投资。欧盟倡导绿色公共采购(Green Public Procurement),鼓励成员国政府签订绿色采购合同,采购的绿色产品的比例应达50%以上。主要采购的绿色产品包括节能计算机、再生材料桌椅、电动或混合动力车和可再生能源发电等。欧洲政府采购的绿色产品金额每年高达 2 万亿欧元,约相当于 19%的欧盟 GDP。政府绿色采购极大推动了欧盟环保产业的发展。美国也于 2005 年颁布《联邦采购规则:可持续采购》(Federal Acquisition Regulation:Sustainable Acquisition),以推动绿色采购和拉动绿色投资。从政策颁布到 2011 年上半年期间,美国各级联邦政府总共建造或使用了超过 50 万幢绿色节能建筑[1]。加州政府通过绿色采购政策,不仅推动了环保产业的需求,还激发了私人部门对绿色产品的购买[2]。中国政府也开始推广政府采购绿色产品的做法,典型的做法是政府采购新能源汽车。

5. 政府设立绿色投资机构

由国家或地方政府出资设立绿色投资机构如绿色基金、绿色投资银行等,这些绿色投资机构以应对气候变化和(或)环境保护、促进本国或地区绿色产业发展为主要目的,专门为绿色技术投资提供长期贷款、投资和担保。有 11 个国家和地区设立了专注于绿色项目投资的绿色投资机构,包括美国康涅狄格州绿色银行、英国绿色投资银行、澳大利亚清洁能源金融公司、南非绿色基金国家级、日本绿色基金国家级、美国纽约州绿色银行、美国新泽西州能

---

① http://www.gpo.gov/fdsys/pkg/FR-2011-05-31/html/2011-12851.htm.

② Timothy Simcoe, Michael W. Toffel, "Government Green Procurement Spillovers: Evidence from Municipal Building Policies in California", Harvard Business School, Sep 2013.

源适应银行、瑞士科技基金、丹麦绿色投资基金等。这些绿色投资机构的运作模式通常是：一是通过提供低成本的贷款，并通过风险缓释工具降低项目投资风险；与私人投资者合作，以少量公共资金撬动或"挤入"私人资金，最终达到降低绿色项目融资成本的目的。二是为绿色项目提供长期融资，解决资金缺口。由于一般银行类金融机构无法为绿色项目提供充足的、合适利率的长期融资，绿色投资机构一方面可以为绿色项目直接提供长期融资，另一方面可利用风险缓释工具，与包括银行类金融机构在内的其他投资者合作提供长期融资。三是系统地收集绿色投资项目的信息与数据，并与所有投资者共享，增加他们对绿色项目和行业的了解，激发他们对绿色项目的投资兴趣。

英国政府于2012年出资建立了英国绿色投资银行，政府作为项目的启动者，对私人资本提供了某种程度的隐性担保，提高了私人投资者的预期回报或降低了预期风险；同时，由于政府提供了项目的前期评估和准备，降低了私人投资者的投资风险和成本。2012—2013财年里，绿色投资银行直接投资达6.35亿英镑，带动了社会第三方投资16.3亿英镑，相当于每投资1英镑撬动近3英镑私人资金，在个别项目中比例高达1∶9[①]。

[①]　英国绿色投资银行：《2012—2013年度报告》。

财税激励型政策也有其弊端,主要是这类政策需要政府具有强大的财政资金来源做支撑,同时当使用某种绿色技术来生产绿色产品和消费绿色产品得到补贴时,就会对资源的有效利用带来消极的影响,因为得到补贴的技术和产品的价格就不能反映所使用资源的稀缺性。如果所使用资源带来负面外部性时,其资源的利用效率会更低,甚至低于市场水平。

(二) 基于环境成本内部化的税收政策

基于环境内部化的政策是以间接的方式来促进绿色技术的投资。政府通过征收资源使用税、环境税或排污费等方式来增加资源使用的成本和排污成本,迫使企业为了提高资源利用效率和减少排污成本而使用绿色技术。这类政策包括:

1. 资源使用税

政府对企业征收资源使用税。企业为了降低纳税成本,不得不投资和使用高效率的技术来提高资源利用效率。资源使用税会影响资源的市场价格,导致资源的需求和消费的变化。税收越高,资源需求下降就越大。实际上,随着企业寻求机会降低成本以应对增加的价格,对资源的需求就会下降,这可能包括短期的行为改变,例如改善能源管理,以及对高效技术/工艺流程的长期投资(如投资更有效的供热系统)。1996 年,英国政府通过引入了垃圾填埋税来减少生物降解垃圾的数量,也迫使垃圾处理的运营商使用可持续的、有财务吸引力的垃圾处理技术。这一税收政策减少了垃圾填埋的数量,在 2000 年和 2012 年垃圾填埋量下降了 57.3%,家庭垃圾回收利用率翻了一番,达到 44%;这一政策也促进了垃圾处理运营商对垃圾填埋气回收发电和垃圾回收处理蒸汽技术的投资。

资源税相对比较灵活,允许企业采用各种方式来减少资源的使用(包括技术、管理等方式)和提高效率。然而这种税收在监测和执行起来比较困难,因为资源使用税的征税点需要尽可能靠近资源或使用资源的活动。

2. 排污费和环境税

增收排污费和环境税是将企业所造成的环境影响成本内部化最常用的方式。政府通过增收排污费和环境税来减少企业活动对环境的影响。企业为了减少纳税成本而不得不通过投资绿色技术来提高资源的利用效率,以便减少污染排放。中国从 2018 年起开始实施环保税,对企业的环境污染排放征收环境税,以遏制环境污染增长趋势。

这种方式的优点是,管理比较容易、增收方式简单,但是此类政策手段的难点是比较难确定合格的收费标准和环境税率。

(三) 交易机制

交易机制是一种促进绿色技术投资的灵活的市场机制。在这种政策机制下,政府给某种活动设置一个上限(如设定可再生能源生产或消费量或节能量、排污量上限),并给运营商/生产企业颁发配额,要求运营商/生产企业在一定的时间内履行义务,提交所给定的配额量;多余的配额可以在市场上交易,未履行配额要求的企业需要受到处罚。惩罚率取决于配额价格和未交纳的配额数量。交易机制可以允许企业采用灵活的方式来履行义务,例如投资绿色技术或从市场上购买配额来履行义务,配额的交易为企业创造了额外的收入来源,这增加了绿色技术项目投资预期现金流量。

交易机制是一个"胡萝卜加大棒"的政策,一方面给企业颁发配额,促使企业采用绿色技术,不履约的企业受到处罚;另一方面可以激励企业通过投资绿色技术来得到多余的配额和出售配额获得配额收益,市场机制还提供了一个为绿色技术投资的融资平台。

常见的交易机制在绿色技术投资中的应用包括可再生能源配额证书交易、节能量交易、碳排放交易和其他形式的排污权交易等。市场机制越来越多地被各国采用来促进绿色技术投资,尤其是促进可再生能源、能效技术的投资。例如北欧国家、英国和美国、韩国等国家都实施可再生能源配额交易政策来增加电力中可再生能源电力份额。能效证书或节能证书交易通过给企业设定能源消耗或能源效率改进/节能目标,节能量高于目标值的企业被授予节能/节能证书,并可以出售证书给其他未达到节能目标的企业。印度是实施可再生能源证书(Renewable Energy Certificate, REC)和能效证书交易(Perform Achieve Trade, PAT)的第一个发展中国家,印度通过可再生能源证书的交易来促进可再生能源投资,实行节能证书的交易来激励工业企业采用能源效率高的技术。泰国也正在计划实施能源绩效证书交易制度(Energy Performance Certificate, EPC),以推动提高能源效率技术的投资。

中国已经实施可交易绿色电力许可证的配额制,要求电力生产企业的可再生能源发电达到一定数量,或者向其他可再生能源发电企业购买绿色能源证书来履行其义务。中国实施的全国碳排放交易是通过给电力企业和工业企业设定碳排放上限,按照排放上限发放配额给企业,企业可以通过投资低碳技术或通过从市场购买配额来履行其义务。相反如果企业投资低碳技术所导致的排放低于排放上限,可以出售手中的配额获得收益。

交易机制的优点在于其灵活性和成本的有效性,它可以允许企业通过比较投资成本和购买成本等来选择最低成本的方式履行义务,通过这种方式来引导资源的有效配置,以最低的资源成本来达到促进绿色技术投资的目的。但是市场机制是一个复杂的系统,制度的设计涉及面广,还需要有完善的法律、金融、产业政策和监管体系做支撑。在实施前需要对监管者、企业、金融机构及第三方等利益相关方进行大量的能力建设,相对于其他政策的实施来说工作量和复杂程度更大。在实施上需要有强大的监管能力,需要企业具有自我监测和报告的能力以及第三方的核查能力和公正性。

(四)绿色金融

绿色金融是指为支持环境改善、应对气候变化、资源节约和高效利用的经济活动,即对环保、节能、清洁能源、绿色交通和绿色建筑等领域的项目投融资、项目运营及风险管理等所提供的金融服务[①]。绿色金融的主要目的是引导社会金融资源流向绿色环保技术和产业,满足绿色技术和绿色投资的融资需求。政府通过支持绿色金融工具的创新,建立绿色金融体系,以绿色金融工具和相关政策来引导社会资金流向资源节约技术和生态环境保护产业,引导企业生产注重绿色环保,引导消费者形成绿色消费理念。

主要的绿色金融工具包括绿色信贷、绿色债券、绿色股票指数和相关产品、绿色发展基金、绿色保险、碳金融、生态权益金融等金融工具。绿色金融政策对绿色技术和绿色产业的支持主要有三个方面:一是创新金融工具,提供适合绿色项目的多样化的融资渠道;二是通过绿色金融降低绿色项目的融资成本(例如绿色贴息

---

① 中国人民银行、财政部、发展改革委、环境保护部、银监会、证监会、保监会:《关于构建绿色金融体系的指导意见》,2016 年 8 月。

贷款和绿色优惠贷款、绿色债券等）；三是降低绿色项目的投资风险（如绿色保险）。同时政府通过采用 PPP 融资模式和建立绿色投资银行来支持绿色技术的投资。

绿色金融作为连接生态、环境保护和金融的桥梁，近年来被许多国家推崇。尽管每个国家所制定的绿色金融政策关注点不同，采用的绿色金融工具也不一样，但是通过绿色金融促进环保和经济社会的可持续发展已经成为共识。2016 年，绿色金融成为 G20 讨论的主要议题之一，扩大全球绿色投融资成为 20 国领导人的共识并被纳入 G20 公报。

二、中国促进绿色技术投资的政策和实践

中国是支持绿色技术投资力度最大的国家之一，政府针对不同的技术发展阶段和不同的产业出台了一系列的政策措施来促进绿色技术的发展和运用。主要的政策类型包括财政补贴、税收优惠、保障性收购产品、绿色金融和碳交易机制等。

（一）财政补贴

政府根据不同的绿色技术发展阶段和政策目标实行了不同形式的补贴政策。补贴政策从早期通过直接投资补贴方式来支持绿色技术的产业化，过渡到对绿色产品生产的补贴，最终演变为激励

绿色产品消费的补贴和对区域试点示范的补贴。

1. 直接投资补贴

国家为了推动绿色技术的产业化,在早期对绿色技术投资进行直接补贴。例如在风电和太阳能发电技术应用的早期,国家对风力发电和太阳能发电投资都实施了投资补贴政策。财政部于2008年8月颁布《风力发电设备产业化专项资金管理暂行办法》,该政策的实施目的是为引导企业研究和开发适应市场需求的产品。产业化资金采取"以奖代补"的办法,主要对产业化研发成果得到市场认可的企业进行补助。该管理办法确定了投资补贴的标准:对满足支持条件企业的首50台风力发电机组,按600元/千瓦的标准予以补助,其中对整机制造企业和关键零部件制造企业的补贴各占50%,各关键零部件制造企业补助金额原则上按照成本比例确定,并根据各部件产业化进程的不同,重点向目前国产化程度较低的变流器和轴承企业倾斜。

在太阳能发电方面,2009年7月16日,财政部、科技部、国家能源局联合下发了《关于实施金太阳示范工程的通知》,随后又陆续出台了《关于做好金太阳示范工程实施工作的通知》《关于做好2010年金太阳集中应用示范工作的通知》《关于加强金太阳示范工程和太阳能光电建筑应用示范工程建设管理的通知》等一系列文件,支持光伏发电技术的示范应用及关键技术产业化。补贴主要针对用户侧并网光伏发电示范工程、无电地区电源建设项目、大型并网光伏发电示范项目和光伏发电关键技术产业化示范项目、光伏发电基础能力建设项目等。补贴的主要内容为：并网光伏发电项目原则上按光伏发电系统及其配套输配电工程总投资的50%给予补助，偏远无电地区的独立光伏发电系统按总投资的70%给予补助。

投资补贴针对早期阶段绿色技术投资所必需的关键技术、设备和薄弱环节进行重点支持。在早期落后的风力发电设备制造业导致中国风力发电早期开发成本高昂，随着投资补贴政策的落实，促进了风电发电的快速发展。

2. 产品补贴

产品补贴政策是对采用绿色技术的生产企业所生产的绿色产品进行补贴，鼓励企业采用绿色技术生产绿色产品。最典型的政策是对可再生能源电力的补贴，2006 年 1 月施行的《中华人民共和国可再生能源法》对可再生能源发电上网实行固定电价政策，之后陆续颁布了《可再生能源发电价格和费用分摊管理试行办法》（发改价格〔2006〕7 号）、《可再生能源电价附加收入调配暂行办法》（发改价格〔2007〕44 号）等相关政策文件，进一步明确了可再生能源发电上网定价及补偿机制。固定电价政策和补偿机制涵盖了风力发电、太阳能光伏发电、生物质发电等主要的可再生能源电力。补贴政策体现在:一是对不同资源区域类型的可再生能源上网电价实行标杆上网电价,并高于当地脱硫燃煤机组标杆上网电价。2016 年风电四个区域标杆电价分别为每千瓦时 0.40 元、0.45 元、0.49 元、0.57 元,近海风电项目标杆上网电价为每千瓦时 0.85 元,潮间带风电项目标杆上网电价为每千瓦时 0.75 元。太阳能一类、二类、三类资源区标杆电价分别为每千瓦时 0.55 元、0.65 元和 0.75 元[①]。二是对可再生能源发电按电量进行补贴。在 2006 年颁布的《可再生能源发电价格和费用分摊管理试行办法》中,规定对生物质发电执行政府定价为在本省带脱硫燃煤火力发电机组标杆电价的基础上加 0.25 元/千瓦时。2010 年,生物质发电电价具体调整为未采用招标确定投资人的新建农林生物质发电项目,统一执行标杆上网电价每千瓦时 0.75 元(含税)。对分布式太阳能发电中采用"自发自用,余电上网"模式,电量补贴标准为每千瓦时 0.37 元。三是对可再生能源发电项目上网而发生的输变电投资和运行维护费用进行补贴。2007 年,国家发改委颁布《可再生能源电价附加收入调配暂行办法》中规定接网费用补贴标准为 50 公里以内为每千瓦时 1 分钱,50—100 公里为每千瓦时 2 分钱,100 公里及以上为每千瓦时 3 分钱。

---

① 国家发展和改革委员会:《国家发展改革委关于调整光伏发电、陆上风电标杆上网电价的通知》,发改价格〔2016〕2729 号,2016 年 12 月 26 日。

政府对生物质能源化利用实行奖励政策,鼓励企业利用废弃的生物质生产能源。财政部于 2008 年 10 月 30 日颁布了《秸秆能源化利用补助资金管理暂行办法》,对秸秆成型燃料、秸秆气化、秸秆干馏等能源化利用方式的产品实施以奖代补政策,具体为按照企业年消耗秸秆量,给予每吨秸秆 140 元/吨的奖励。

产品补贴政策成为我国绿色能源发展的主要推动力。对可再生能源电力的补贴政策消除了可再生能源发电因政策的不确定性造成投资的潜在风险,投资商可以较为准确地预期项目的收益,极大地调动了投资热情。政策实施后,可再生能源发电发展迅速,截至 2017 年底,中国可再生能源发电装机达 6.5 亿千瓦,占全部电力装机的 36.6%[①],比 2007 年增加了 3.3 倍,其中风电装机增加了增加 26 倍,而太阳能装机容量是 2007 年装机容量的 1300 倍,生物质能发电增加了 6.5 倍[②]。

3. 消费补贴

政府鼓励消费者使用绿色产品,对绿色产品的消费进行补贴,通过这种方式来抵消绿色产品高于市场价格的成本,为绿色技术投资创造市场。为了提高用能产品能效水平,扩大高效节能产品

---

①　北极星电力新闻中心:《2017 年中国可再生能源装机占全部电力装机的36.6%》,2018 年 1 月 25 日,http://www.china-nengyuan.com/news/120101.html。

②　北极星电力新闻中心:《2007 年中国电力总装机 71329 万千瓦》,2008 年 8 月 19 日,http://news.bjx.com.cn/html/20080819/142212.shtml。

市场份额,推动节能技术进步,国家实施了"节能产品惠民工程",通过财政补贴方式推广高效节能产品。2009年5月,国家实施了"节能产品惠民工程",即采取财政补贴方式,对能效等级达到1级或2级的空调、冰箱、洗衣机、平板电视、热水器、电机等10类产品,包括已经实施的高效照明产品、节能与新能源汽车进行推广使用。财政补助标准依据高效节能产品与普通产品价差的一定比例确定。这一工程采取间接补贴方式,对高效节能产品生产企业给予补助,即由生产企业按承诺推广价格减去财政补助后的价格销售高效节能产品给消费者和用户。从2009年至2013年6月间,消费者购买节能空调、平板电视、电冰箱、洗衣机和热水器五种家电产品可获得70—850元/台不等的补贴。

为了扩大对可再生能源电力的消纳,国家对新能源汽车实行补贴政策。财政部、科技部、工信部、国家发改委2010年5月31日联合颁布了《关于开展私人购买新能源汽车补贴试点的通知》,对私人购买满足支持条件的新能源汽车,按3000元/千瓦时给予补助。插电式混合动力乘用车最高补助为5万元/辆,纯电动乘用车最高补助6万元/辆。通过对绿色产品消费的补贴,促进绿色产品的消费和拉动绿色技术投资。

4.区域试点示范补贴

国家对绿色技术和产品的补贴扩大到对区域试点和示范的

补贴,以推动绿色技术在地方的全面应用。例如随着可再生能源的纵深发展,可再生能源的广泛使用和市场化发展成为政策的关注点,财政补贴政策扩大到对可再生能源区域试点示范的支持。为了充分利用农村地区的绿色能源资源,解决农村炊事、采暖和生活用电的需求问题,同时也为了促进生物质能源利用的市场化运行,2009 年国家启动了建设 200 个"绿色能源示范县"的计划。2010 年有 108 个县的规划通过了评审,之后绿色能源示范县陆续增加。中央财政资金的支持"绿色能源示范县"的总额为每个县 2500 万元,用于农村能源供应系统属于公共基础设施部分的建设。资金支持范围包括农村管网式燃气供应的燃气净化、储存、提纯和输送管网的建设,以及生物质成型燃料炊事、采暖用炉具的购置。

（二）税收优惠政策

1. 进出口退税

为了加快绿色技术引进,促进绿色技术装备制造业的发展,国家在早期对绿色技术设备的进口实行进口免或退税政策。2007 年,财政部、国家发展改革委、海关总署和国家税务总局联合颁布了《关于落实国务院加快振兴装备制造业的若干意见有关进口税收政策的通知》,对 16 个重大技术装备关键领域实行设备进口关税的优惠政策。在此基础上,财政部于 2008 年 4 月颁布《关于调整大功率风力发电机组及其关键零部件、原材料进口税收政策的通知》,对单机额定功率不小于 1.2 兆瓦,风力发电机组年销售量 50 台以上的企业,以及叶片年销售量在 150 片的企业,给予进口退税的优惠政策。

同时为推动国内绿色技术装备的发展和加快绿色技术装备的国产化进程,自 2008 年 5 月 1 日起,国家对新批准的内、外资投资项目(以项目的审批、核准或备案日期为准)进口单机额定功率不大于 2.5 兆瓦的风力发电机组一律停止执行进口免税政策,

2009 年 6 月,财政部、国家税务总局又发布了《关于进一步提高部分商品出口退税率的通知》,根据规定风力发电设备用传动部件及零件(包括齿轮、齿轮支架、内齿圈、锁紧盘、齿轮轴、变速箱壳体)出口退税率提高至 15%。

进出口退税政策的实施支持了绿色技术装备制造业快速发展,提高了国内绿色技术装备制造水平和自主率。国内绿色技术装备制造企业迅速崛起,诞生出一批世界领先公司。如今中国已经成为风机和太阳能光伏发电设备的主要出口商。全球十大风机制造商有五个在中国,金风科技成为世界最大的风机生产企业。

2. 增值税减免

国家对采用绿色技术生产的企业实行增值税减免政策,鼓励

企业使用绿色技术生产。为了促进绿色能源技术的应用,国家税务总局和财政部颁布了《调整和完善部分资源综合利用产品的增值税》政策,对销售"利用风力生产的电力"的增值税实行即征即退50%;对"以垃圾为燃料生产的电力或者热力"实行增值税"即征即退"(所称垃圾,是指城市生活垃圾、农作物秸秆、树皮废渣、污泥、医疗垃圾);对销售自产的综合利用生物柴油实行增值税先征后退政策;对"以废弃酒糟和酿酒底锅水为原料生产的蒸汽、活性炭、白炭黑、乳酸、乳酸钙、沼气"实行增值税即征即退50%;对以"三剩物"(主要是指采伐剩余物、造材剩余物和加工剩余物)、次小薪材(主要是指次加工材、小径材和薪材)、农作物秸秆、蔗渣等四类农林剩余物为原料自产的综合利用产品由税务机关实行增值税即征即退办法。

3. 企业所得税减免

国家对企业生产和销售绿色产品所得收入实行所得税减免政策,鼓励企业生产绿色产品。早在2008年,财政部、国家税务总局颁布《关于执行资源综合利用企业所得税优惠目录有关问题的通知》,规定企业以《目录》中所列资源为主要原材料,生产《目录》内符合国家或行业相关标准的产品所获得的纳税收入,减按90%计入当年纳税收入总额。根据这一规定,利用农作物秸秆及壳皮(包括粮食作物秸秆、农业经济作物秸秆、粮食壳皮、玉米芯)生产电力、热力及燃气等,产品原料 70% 以上来自所列资源即可享受这一所得税优惠政策;100% 利用废生物质油生产生物柴油也可享受这一所得税优惠政策。

4. 环境税减免

从 2018 年开始实行《中华人民共和国环境保护税法》,对大气污染物、水污染物、固体废物和噪声等污染物的排放进行征税,对污染物排放值低于排放标准的纳税人给予税收减免。对纳税人排放应税大气污染物或水污染物的浓度值低于排放标准 30% 的,减按 75% 征收环境保护税;低于排放标准 50% 的,减按 50% 征收环境保护税。环境税减免政策促进企业加大节能减排投入,建立绿色生产和消费体系。

税收优惠政策是对项目投资效益影响最直接的政策,相当程度地减轻了企业的经营成本,降低了投资企业的负担,改善了项目的经济性,提高了投资的收益。

(三) 碳排放权交易机制

2011 年,国家发改委发布《关于开展碳排放权交易试点工作的通知》,2013 年开始启动了北京市、天津市、上海市、重庆市、湖北省、广东省及深圳市 7 个碳排放权交易试点,推出了近 20 种碳金融产品,包括碳配额质押贷款、碳配额回购融资、现货远期产品、场外期权、场外掉期等。截至 2017 年低,累计配额成交量超过了

2亿吨二氧化碳当量,成交额超过了46亿元[1]。碳排放权交易机制推动了控排企业使用低碳减排技术和绿色生产,试点区域碳排放总量和强度出现了下降的趋势,碳排放权交易机制起到了控制温室气体排放的作用。同时试点区域所积累的经验和教训对全国碳排放权交易机制设计和碳市场建设具有很重要的参考价值。

中国在2017年启动了国家碳排放权交易市场,对电力行业1700个企业实行CO_2排放总量控制,碳排放权交易市场将逐步扩大到建材、化工、钢铁、造纸和有色金属等其他工业行业。碳排放权交易制度在控制碳排放总量的基础上,允许企业购买碳排放配额来抵消碳排放或出售多余碳排放配额获得碳减排收益,通过这种方式鼓励企业投资低碳技术和获得碳减排收益。

2018年1月,中国人民银行发布了《关于进一步完善人民币跨境业务政策促进贸易投资便利化的通知》,以"一带一路"为依托,推动碳市场的国际合作进程迈出重要一步。

碳排放权交易机制是推动绿色低碳发展的一项制度创新和实践,全国碳排放交易市场的建设有利于激活市场主体的活力,深化供给侧结构性改革,推动企业向低碳生产转型和化解落后的过剩产能,促进绿色低碳产业发展。

---

[1] 国家发展和改革委员会:碳排放交易体系启动工作新闻发布会,2017年12月19日。

（四）绿色金融

绿色金融是推动我国绿色技术投资和绿色产业发展的重要保障。作为环境经济政策的重要组成部分,早在"十一五"期间就开始推进绿色信贷、绿色保险(环境污染责任保险)、绿色证券等绿色金融政策。

绿色信贷是我国绿色金融中起步最早、规模最大、发展最成熟的部分。自 2007 年以来,环保部、人民银行和银监会等部门相继颁布了《关于落实环保政策法规防范信贷风险的意见》《促进绿色信贷的国际经验:赤道原则及 IFC 绩效标准与指南》《关于进一步做好支持节能减排和淘汰落后产能金融服务工作的意见》《绿色信贷统计制度》《绿色信贷实施情况关键评价指标》《关于印发能效信贷指引的通知》等文件,引导银行业、金融机构加快推进绿色信贷。2012 年 2 月 24 日,银监会发布了《印发绿色信贷指引的通知》,明确绿色信贷包括支持节能、环保项目和服务(共包含 12 个项目类型)的贷款,以及支持节能环保、新能源、新能源汽车等三大战略性新兴产业生产制造端的贷款。

绿色债券在我国近年快速发展。2015 年 12 月 22 日中国人民银行出台《在银行间债券市场发行绿色金融债券的公告》,明确发行人应当在募集说明书承诺的时限内将募集资金用于符合《绿色债券支持项目目录》的绿色产业项目信贷投放。在企业债方面,国家发改委于 2015 年 12 月 31 日发布《绿色债券发行指引》,调整了企业债券现行审核政策及准入条件,发行绿色债券的企业不受发债指标限制;拓宽绿色债券的担保增信渠道;鼓励债券品种创新,支持股权投资企业、基金等发行债券投资于绿色项目。在公司债方面,上交所 2016 年 3 月 16 日发布了《关于开展绿色公司债券试点的通知》,深交所同年 4 月 22 日发布了《深圳证券交易所关于开展绿色公司债券业务试点的通知》,设立绿色公司债券申报受理及审核绿色通道,加快发行及审核效率;中证机构间报价系统也为绿色债券设立绿色通道。

为了促进绿色发展,引导社会资本流向绿色技术投资,2016年 8 月 31 日,中国人民银行、财政部、国家发展和改革委员会、环境保护部、中国银行业监督管理委员会、中国证券监督管理委员会、中国保险监督管理委员会等部委颁发了《构建绿色金融体系的指导意见》,第一次提出了系统的绿色金融政策框架。《指导意见》明确了绿色金融体系是指通过绿色信贷、绿色债券、绿色股票指数和相关产品、绿色发展基金、绿色保险、碳金融等金融工具和相关政策支持经济向绿色化转型的制度安排。要求大力发展绿色信贷;推动证券市场支持绿色投资;设立绿色发展基金,通过政府和社会资本合作(PPP)模式动员社会资本;发展绿色保险;完善环境权益交易市场,丰富融资工具;支持地方发展绿色金融;推动开展绿色金融国际合作。

在这一系列的政策引导下,中国的绿色金融得到快速发展。截至 2016 年底,21 家主要银行业金融机构绿色信贷余额 7.51 万亿元,比上年增长 7.13%,占各项贷款的 8.83%。其中,节能环保项目和服务贷款余额 5.81 万亿元;节能环保、新能源、新能源汽车等战略性新兴产业贷款余额 1.70 万亿元[①]。

与此同时,中国已经成为主要的绿色债券市场。2015 年,国内绿债发行几乎是零,2016 年中国正式启动绿债市场,就一跃成为全球最大的绿色债券发行国,占到全世界绿债发行量的 40%。2017 年全年中国在境内和境外累计发行绿色债券(包括绿色债券与绿色资产支持证券)123 只,规模达 2486.797 亿元,同比增长 7.55%,约占同期全球绿色债券发行规模的 25%。气候债券倡议组织(Climate Bonds Initiative,CBI)数据显示,2017 年中国绿色债券发行规模位居全球第二位[②]。

绿色基金快速发展。截至 2016 年底,全国已设立并在中国基金业协会备案的节能环保基金、绿色基金共 265 只,其中 59 只由地方政府及地方融资平台公司参与发起设立,占全部基金总数的

---

① 王文、曹明弟:《绿色金融的全球旗手》,《中国金融》2018 年第 2 期。
② 中国金融信息网绿色金融研究小组:《2017 年中国绿色债券市场发展与未来展望》,2018 年 1 月。

22%①;比 2012 年增加了 12 倍(成立于 2012 年及之前的绿色基金总共只有 21 只)。

环境污染责任保险试点工作也在全国大部分省份推进。2007—2016 年,全国投保环境污染责任保险的企业累计超过 6 万家次,保险公司提供的风险保障金累计超过 1300 亿元。

2017 年 6 月 14 日,国务院决定在浙江、江西、广东、贵州、新疆五省区部分地方,建设绿色金融改革创新实验区,为我国绿色金融的全面推行进行试点探索,在制度、组织、市场、产品、服务、政策保障六个方面进行探索实践,这标志着我国地方绿色金融体系建设开始进入到区域的试点示范阶段。

三、现有方法的局限性

现有的方法是通过外部政策手段从不同的角度以直接或间接的方式来降低绿色技术投资的成本、风险和提高投资回报,从而促进绿色技术投资,然而并没有从绿色技术产业链的角度系统地解决绿色技术投资额外成本、成本内化和效益外化的矛盾。这些政策或多或少存在其固有的局限性:

---

① 王文、曹明弟:《绿色金融的全球旗手》,《中国金融》2018 年第 2 期。

第一，财政补贴和税收优惠激励型政策和其他形式的补贴激励政策工具灵活性低，这类政策对某一类技术、产品的使用或行为进行规定，而不是给企业更大的灵活性选择适合的绿色技术来减少对环境的负面影响和减少他们的税款及生产成本。

第二，财政和税收激励型政策是以政府主导的手段来推动绿色技术的投资，而非企业主导的市场手段。

第三，财政补贴激励型政策增加财政的压力，税收优惠是以消耗和牺牲财政收入为前提，补贴和税收优惠这类政策需要有强大的财政资金来支撑。中国对可再生能源的补贴促进了可再生能源的投资，同时也给国家财政带来很大的压力。截止到 2016 年，我国可再生能源电价补贴缺口累计达到 600 亿元，预计到 2020 年累计补贴资金缺口将到达 2000 亿元①，补贴资金拖欠问题已对可再生能源发电全产业链造成影响。补贴政策在某种程度上也导致企业为了追逐补贴而无序开发可再生能源资源，导致可再生能源资源的浪费(如弃风、光)。

第四，交易机制考虑了绿色技术投资成本和绿色效益的货币化，然而交易机制的政策对象是针对直接投资的企业，解决的是末

①　何英、董欣：《到 2020 年可再生能源补贴缺口扩至 3000 亿元，自愿交易的绿证效力几何？》，《中国能源报》2017 年 3 月 15 日，http://guangfu.bjx.com.cn/news/20170315/814343.shtml。

端绿色技术投资额外成本和效益的问题,而不是从绿色技术产业链的角度系统地解决绿色技术投资成本和绿色收益的核算。

第五,绿色金融为绿色技术投资提供不同的融资渠道,降低绿色投资的融资成本,一定程度上降低绿色技术投资的成本,绿色金融对减少资本型绿色技术的投资成本有很好的效果。然而金融本身逐利特点使绿色金融无法从根本上解决绿色技术投资额外成本和效益外化的矛盾。

因此有必要发挥企业和消费者在绿色投资中的主体作用,通过市场机制来解决绿色技术投资额外成本内化和效益外化矛盾。

第二节　建立绿色技术投资额外成本分摊和绿色收益分享的市场机制

一、建立绿色技术投资额外成本分摊和绿色收益分享机制的必要性

(一) 促进绿色技术投资产业链的协同发展

绿色技术投资涉及上游供应链中绿色设备制造业、原材料和燃料供应、绿色产品生产、下游绿色产品消费三个主要的环节。绿

色技术投资和绿色产品的生产为上游绿色制造业和绿色原燃料生产创造了需求,拉动了上游供应链产业的发展。对于下游消费者而言,绿色技术投资为消费者提供绿色产品,绿色产品的消费也会拉动绿色投资。

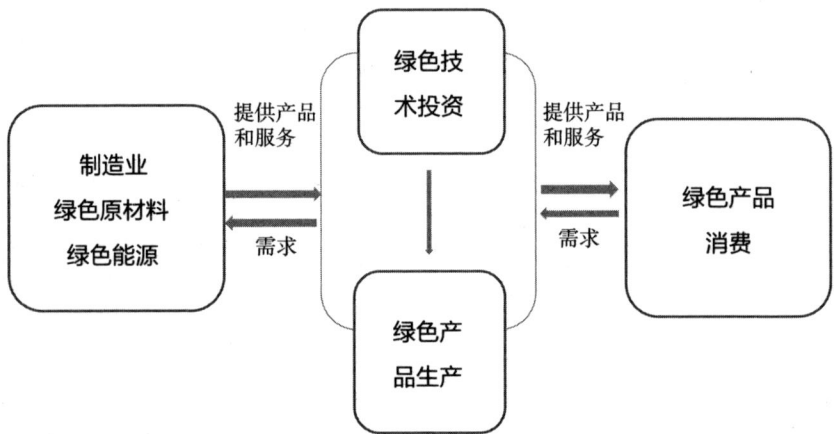

图 11 绿色技术投资产业链

绿色技术投资产业链的协同发展是通过供应链中的企业合作来实现的。绿色技术投资为上游产业创造了需求,同时也成为下游产业和消费的绿色化的前提。绿色技术投资的额外成本大部分是由上游产业供应企业传导下来的成本,在环境成本没有内部化或不完全内部化的情况下,这部分绿色额外成本无法或无法完全向下传导给下游企业或消费者,完全由投资者或者核心投资企业来承担,同时绿色技术投资所带来的效益没有转化成投资收益,这种模式造成绿色技术投资成本高,投资收益不足以抵消成本。一方面上下游产业之间成本和利益分配的不平衡制约绿色技术投资,另一方面由于绿色技术投资为上游产业创造了市场,为了追逐利润,大家都涌到上游产业投资,这就会影响投资结构和产业结构的不平衡。这种上下游产业链各自为政的发展模式不仅是绿色技术投资发展的障碍,也不利于产业链的可持续发展。

绿色技术投资产业链的协同发展是促进绿色技术投资的持续动力。成本和收益在绿色技术投资供应链企业主的平衡是实现绿色技术投资产业链的协调和可持续发展的关键,因此有必要建立绿色技术投资额外成本分摊和绿色收益分享机制。

（二）发挥市场主体在绿色技术投资中的作用

在绿色技术投资供应链上实施绿色额外成本分摊、绿色收益分享机制是通过市场化的设计,要求产业链上的每个环节都消化一部分绿色额外成本,再辅之以财政、税收等配套政策来解决绿色技术投资末端成本过高、收益低的问题。通过这种机制将绿色技术投资产业链、供应链企业有机地联系起来,理顺产业链之间的利益关系,实现供应链上供应、生产一体化,利益共享和风险共担。这种机制可以避免利益分配不平衡导致的上游产业的盲目发展和政府对下游绿色技术产业的过多补贴,这是当前背景下解决绿色技术投资中成本和收益的矛盾,减轻财政对绿色技术投资补贴的压力的一种机制创新。

绿色额外成本分摊和绿色收益分享机制可以促进产业链联动,发挥企业在绿色技术投资的主体作用。从产业层面上,这种产业联动的方式有助于优化生产布局,增加绿色产品供给,同时减少公共资金的压力。

(三) 提高绿色技术投资供应链管理水平

供应链管理把供应企业和生产企业/投资企业看成是一个利益整体,供应企业和生产企业的整体目标是以最低的成本、合理的价格向下游的消费者提供产品,实现整体利益最大化。如果在绿色技术投资供应链中,把供应企业和投资企业作为一个利益整体,通过绿色额外成本在供应链成员(供应企业和投资企业)之间合理分配,可以减少投资企业独自承担的成本的负担,实现以最低的成本向消费者提供绿色产品。从利益和成本的产生来看,供应企业承担部分绿色技术额外成本有利于维系长期的供求关系,为上游供应企业创造可持续的市场需求。成本分摊也有利于激励供应企业和生产企业不断改进生产技术和管理水平,提高生产效率和降低成本,以实现整体目标利益最大化。绿色收益分享可以激励供应链成员共同分摊成本,体现了合作共赢、成本和风险共担、利益共享的原则。

（四）减少财政对绿色技术投资的补贴

在绿色技术投资供应链中,绿色产品具有双重属性,既有一般商品的属性,又有公共产品的属性。在环境成本没有内部化的情况下,现有的公共产品定价没有反映其内化的公共属性的成本即绿色成本。绿色技术的投资企业/绿色产品的生产企业不能以价格的形式把绿色产品的绿色化成本传递给消费者,投资企业不得不为绿色产品公共属性成本买单。绿色技术投资企业不仅仅需要承担上游供应企业所传导下来的绿色额外成本(如生产设备和原料、燃料等),同时还需要承担在生产过程中产生的绿色额外成本(绿色技术投资供应链中的成本传导如图12所示)。

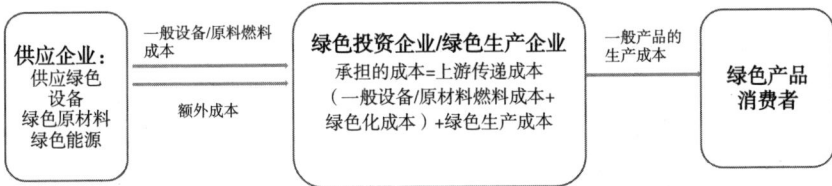

图 12　绿色投资供应链企业成本传导

为了降低绿色技术投资的成本,促进绿色技术投资,政府不得不通过财政补贴、税收减免、贴息、担保发债等方式对绿色技术投资企业进行补偿,给财政带来很大的压力。通过供应链上供应企业和生产企业共同分摊绿色额外成本,可以将绿色技术投资的产

135

生绿色额外成本在供应链中的各个环节消化掉,避免额外成本集中在末端的生产环节和由投资企业独自承担过高的成本,也可以减少政府对投资企业的补贴。

二、建立绿色技术投资额外成本分摊和绿色收益分享机制的合理性分析

(一) 绿色技术投资额外成本的构成

从绿色技术投资额外成本的来源看,绿色技术投资额外成本来源供应环节和生产环节,应该由供应企业和生产企业分别分摊供应环节和生产环节的绿色额外成本。设备和原料、能源占一个企业产品成本的主要部分,对于绿色技术投资而言,这部分成本高达 80%以上。相对于一般技术投资,绿色技术投资会产生绿色额外成本。绿色技术投资额外成本除了绿色产品生产过程中发生的成本外,与上游供应企业传递下来的设备、原材料、燃料成本密切相关,也与绿色技术投资的成本是否能传递到消费者相关。研究发现①,这部分绿色额外成本大部分来自绿色技术投资中从上游供应企业传递下来的成本,只有小部分绿色额外成本来自于生产

---

① 莫凌水、徐王睿:《"一带一路"绿色投资课题产出二子报告 2:供应链对绿色技术投资成本的影响》,2017 年。

过程中的绿色生产成本。例如,采用分布式太阳能热电综合供暖系统项目的供暖成本比散煤供暖成本高52%。所增加的成本中,将近98%的成本来自设备成本的增加,而生产过程中产生的成本增加只占不到3%。在水泥生产中,如果以天然气替代煤作为煅烧的能源,水泥的成本会增加35%,其中44%的成本增加来自于天然气成本,只有约15%的成本增加发生在生产过程[①]。

（二）绿色额外成本和绿色收益分享绿色技术投资收益率的影响

　　绿色技术投资会产生额外成本,同时也会带来额外的绿色效益。但是目前的投资评价方法并没有将这部分绿色效益没有被内化和转化为投资收益,而是作为外化的公共效益。内化的绿色额外成本和外化的绿色额外效益导致绿色技术投资回报率低于行业投资回报率。例如第四章的案例分析中显示分布式太阳能热电综合供暖系统项目（替代散煤燃烧供暖）中供暖成本比散煤燃烧供暖（煤供暖）成本高52%,然而项目投资每年可减少燃烧原煤36.3万吨,由此可减少93万公斤二氧化硫、54万公斤氮氧化物、186万公斤PM2.5、220万公斤PM10的排放和123万吨的CO_2排放。这部分外化的绿色效益没有转化为项目的绿色收益。当绿色效益

---

　　① 莫凌水、徐王睿:《"一带一路"绿色投资课题产出二子报告2:供应链对绿色技术投资成本的影响》,2017年。

没有转化为货币化收益纳入项目投资收益时,项目投资融资前的财务内部收益率只有 6%,低于行业投资收益率 8%[①]。

研究分析和案例证实发现,将绿色额外成本按照投资成本比例在供应企业和投资企业之间分摊,将外化的绿色效益转化为内化的绿色投资收益并按绿色额外成本比例在供应链成员中分享,可以显著提高绿色技术投资的回报率。案例分析证明了将太阳能热电综合供暖系统项目中的绿色效益转化为绿色收益可以为项目每年带来 6201 万元的投资收益,如果将绿色额外成本和收益按照成本比例在上游供应企业和投资企业之间分配,可以把项目融资前的财务内部收益率由 6% 提高到 20%,高于行业内部收益率 8%[②]。

三、建立绿色额外成本分摊和绿色收益共享机制

(一) 基本思路

绿色额外成本分摊、绿色收益分享机制是通过绿色技术投资来拉动上下游产业的发展,提高企业对绿色技术投资的积极性。

---

① 莫凌水:《"一带一路"绿色投资课题产出二子报告 3:基于绿色技术投资额外成本分摊、绿色收益分享的项目投资评价》,2017 年。

② 莫凌水:《"一带一路"绿色投资课题产出二子报告 3:基于绿色技术投资额外成本分摊、绿色收益分享的项目投资评价》,2017 年。

其核心是绿色技术投资需要上下游企业的合作,通过绿色成本分摊和效益分享的激励机制来达到各利益相关方的成本和收益平衡,同时政府采取必要的政策和措施来保障机制的实施。其主要的思路是:一是将绿色技术投资的上游供应企业、绿色技术投资企业/核心生产企业看作是一个利益整体,按照各自在绿色技术投资的成本比例分摊绿色额外成本;二是将绿色技术投资的绿色额外效益转化成货币化的绿色收益作为投资收益的一部分;三是按照额外绿色成本分摊的比例对将绿色收益在供应企业、生产者进行分配(见图 13)。

（二）　绿色额外成本分摊的方法

绿色技术额外成本分摊机制首先需要计算绿色额外成本。供应企业和生产企业所分摊的绿色额外成本分别是供应环节和生产环节产生的额外成本。根据第二章和第三章的研究结果,供应企业分摊的成本是根据其提供产品和服务占绿色技术投资成本和经营成本的比例来计算,生产企业所分摊的绿色额外成本是绿色额外成本减去供应企业承担额外成本的余额。

供应企业承担的额外成本 $AC_s = (I_s/I_1) \times \Delta LC/\Delta TNPVCO + (C_s/OM_1) \times \Delta LC/\Delta TNPVCO$

其中: AC_s ——供应企业分摊的绿色额外成本;

I_s ——绿色技术投资中的设备成本;

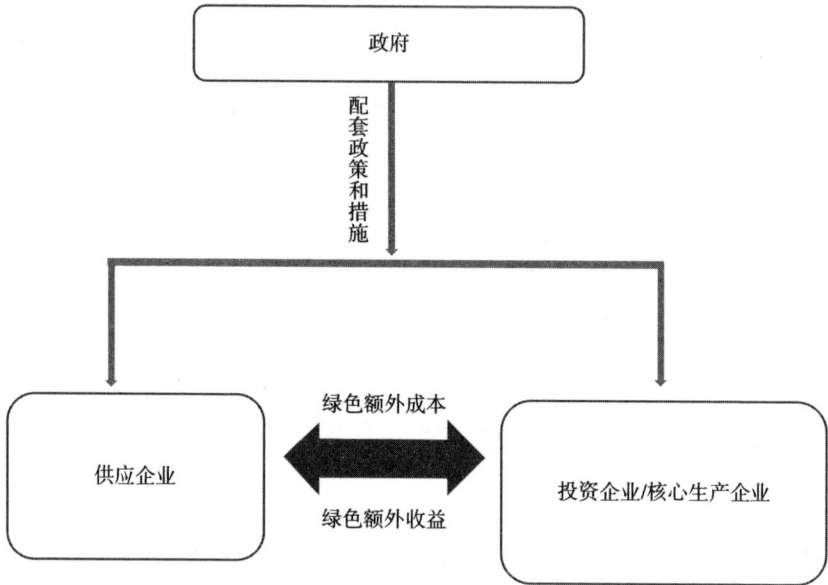

图 13　绿色技术投资成本分摊——效益分享机制

I_1 ——绿色技术资本投资；

OM_1 ——绿色技术投资项目运行的年经营成本；

C_s ——购买绿色原料和绿色能源的成本；

$\Delta LC/\Delta TNPVCO$ ——绿色额外成本。

投资企业/核心生产企业分摊的额外成本（AC_p）$= \Delta LC - AC_s$ 或 $AC_p = \Delta TNPVCO - AC_s$

（三）绿色收益分享激励机制

为了提高供应链企业参与绿色技术投资的积极性，作为供应企业对绿色额外成本分担的补偿，按照成本分摊、收益分享的原则，根据绿色额外成本分摊的比例,将绿色收益在供应企业和投资企业进行分配,通过绿色收益的分享激励机制达到绿色技术投资成本和收益在绿色技术投资供应链成员之间的平衡,这样的收益分享机制体现了合作共赢、成本和风险共担、利益共享的商业原则。

绿色收益量化和分享激励机制首先需要计算绿色技术投资产生的绿色额外效益,然后将绿色效益转化为绿色收益。再按照绿色额外成本分摊的比例将绿色收益在供应企业和投资企业/核心生产企业之间分配。

供应企业分配的绿色收益 $R_{se} = (I_s/I_1) \times Re + (C_s/OM_1) \times Re$

其中:R_e——绿色额外收益;

R_{se}——供应企业分配的绿色收益。

投资企业/核心生产企业分配的收益 $R_{pe} = R_e - R_{se}$

第三节 实施绿色额外成本分摊和绿色收益分享机制的政策建议

绿色额外成本分摊和绿色收益分享机制是通过成本和利益在市场相关主体的分配来达到绿色技术投资在产业链的联动,增强绿色技术投资产业可持续发展的动力,是绿色技术投融资模式由政府主导型向市场主导型的转变。政府需要制定相应的配套政策和措施来保障机制的实施和运行,以相应的激励措施和补偿政策来保障绿色技术投资供应链的整体投资收益。

一、实行绿色额外成本分摊和绿色收益分享一体化的项目 投资评价

现有的项目投资财务评价方法并没有将绿色效益转化为绿色收益作为投资收益的一部分纳入项目的投资财务评价。这种方法的弊端是忽略了绿色技术投资所产生外部性效益的货币化收益,没有考虑绿色额外成本在供应企业和投资企业之间的传导和分配。建立绿色额外成本分摊、绿色收益分享一体化的项目投资评价体系可以解决现有绿色技术投资中成本内化和效益外化的矛盾,提高绿色技术投资的回报率。

改革现有的固定资产投资项目财务评价方法,实行绿色额外成本分摊、绿色收益分享一体化的项目投资评价方法。首先是要将绿色效益货币化作为绿色技术投资收益纳入财务评估。二是以绿色技术投资相对成本作为项目的投资成本纳入项目财务评估,将绿色额外成本和绿色收益同时按比例内部化,以达到绿色技术投资和收益的平衡。三是对现有的《建设项目经济评价方法和参

数》(第三版)和相关的可行性研究报告/项目申请报告编制规范进行修订,在建设项目财务评价中考虑绿色技术相对投资成本和绿色收益分享对项目投资内部收益率的影响。四是修订行业参考基准收益率。在政府定价的行业中,行业的基准收益率要充分考虑绿色技术投资相对成本和绿色收益的影响。对非政府定价的行业,以政府政策导向方法制定的行业参考基准收益率也需要考虑绿色技术投资相对成本和绿色收益的影响,引导投资者和金融机构将绿色成本分摊和绿色收益分享机制纳入投资决策。

二、配套相应的政策和激励措施

改革现有的财会制度。绿色额外成本分摊、绿色收益分享机制将绿色技术相对投资成本、绿色效益转化为绿色收益作为投资收益,这是对现有财务评价方法的一个创新。该机制的实施需要改革现有的会计制度,将绿色技术相对投资成本和绿色收益反映在企业的财务报表如资产负债表、投资损益表等,只有这样才能切实体现绿色技术投资为投资者/企业带来真正的收益。

实行必要的激励机制。绿色技术额外成本分摊、效益分享机制是将政府主导转变为市场主导性的绿色投资机制,以政府财税补贴补偿绿色技术投资的额外成本转向以市场各利益主体分摊绿色额外成本,因此政府仍然需要辅助的财政补贴、税收政策来影响市场,促进绿色额外成本在绿色技术投资供应链上各个环节的分摊。为了引导社会资本流向绿色技术,对绿色技术投资产生的绿色额外收益实行税收减免政策。建立绿色技术投资补贴启动机制。按照"合理成本加合理利润"的原则,保障绿色技术投资产业链上的利益相关方分摊绿色额外成本后仍然获得合理的投资回报。必要时,政府需要启动对绿色技术投资产业进行补贴或贴息。这样的补贴政策只有当通过市场机制分摊绿色额外成本,绿色技术投资产业链上的市场利益相关方所获得的投资回报低于行业基准收益率时,政府才启动补贴政策。补贴政策要从现有对末端绿色技术投资某一个市场主体的补贴转向综合考虑绿色技术投资产业链上各个环节成本和利益平衡的补贴。这样可以避免上下游产业为了追逐各自的利益而盲目发展,例如生产者为了获得政府的补贴而过渡投资,上游供应企业为提供生产者所需的服务而盲目生产。

三、建立机制实施的技术支撑体系

可操作、可量化和可核实的方法是绿色技术额外成本分摊、效益分享的基础。为此,政府需要推动实施绿色技术额外成本分摊、绿色收益分享机制的相关技术基础工作,重点是:一是要建立制定基准线识别的方法和建立基准线审查制度,为绿色成本和绿色效益的核算提供基础;二是制定统一的绿色成本、绿色效益和绿色收益的核算方法指南,为计算项目的绿色成本、绿色收益提供依据;不同的核算方法会影响绿色项目的识别和评级以及绿色项目的投资评价。三是建立绿色额外成本和绿色效益、绿色收益的第三方审定和核查机制,保证绿色成本、绿色效益和绿色收益的真实性;四是要加强对绿色效益和收益评估、绿色项目评级的管理。明确管理机构,规范基准线识别、绿色效益核算和绿色收益量化的方法。五是建立政府定价的绿色公共产品价格、成本监控体系。绿色技术投资产业链各个环节的成本和绿色产品的价格决定了产业链的盈利水平,政府定价机构要建立生产绿色产品各个环节包括生产、供应、销售、消费的成本的监测和成本信息公开,按照"合理成本加合理利润"原则,根据各个环节的成本对绿色公共产品合理定价,使绿色技术投资产业链中各个环节的投资主体都获得必要的回报。加强对机制实施的监控,建立机制实施的评估及报告制度。

四、通过市场机制建立绿色技术投资产业战略联盟

通过绿色技术投资供应链中上下游企业(供应企业、投资企

业/核心生产企业）的合作来建立绿色技术投资产业战略联盟。供应链企业的一体化比企业各自决策带来更多的市场机会和利益空间,通过绿色技术投资供应链企业成员的协同、合作,绿色额外成本在企业联盟成员中消化,可以降低单一企业成员应对投资成本增加的风险,从而解决供应链中价格传导导致的绿色技术投资中成本和收益不平衡的矛盾。绿色技术投资供应链企业的合作可以采取多种形式,一是按照市场运行规则,上下游企业共同组建股份有限公司或有限责任公司,实现绿色技术投资主体的多元化,共同分摊投资风险和投资成本,分享绿色收益;二是发挥市场配置资源的作用,鼓励供应链中供应企业和绿色核心企业的兼并和重组,形成强强联合绿色技术投资产业集团,这不仅可以理顺产业之间成本和利益关系,而且可以促进上下游产业的协同发展,提高绿色技术投资供应链的整体优势;三是以绿色技术投资企业为核心企业与上游设备和原料、能源供应企业组成联盟企业,建立长期的合同和合作关系。在合同中约定绿色额外成本分摊和效益分享的原则。这种方式不仅可以降低市场不确定性对企业的影响和交易成本,而且可以共同分摊绿色额外成本和收益。联盟企业还可以通过合作获得互补性资源,进入新市场,分担成本与风险;在合作中获得新的增长机遇。

五、以绿色额外成本分摊和绿色收益分享机制推动建立"一带一路"绿色投资企业联盟

2017 年 4 月国家环保部等四部委颁发了《关于推进绿色"一带一路"建设的指导意见》,强调在绿色"一带一路"建设中要务实合作,推进绿色基础设施建设、绿色贸易和绿色金融体系发展,促进经济发展与环境保护双赢,将资源节约和环境友好原则融入国际产能和装备制造合作全过程,促进绿色技术和产业发展。

绿色技术投资是"一带一路"战略的一个有机组成部分,通过在沿线国家的绿色投资,不仅可以帮助所在国实现促进经济发展与环境保护双赢目标,也以此作为一个重要的契机,推进国际产能和装备制造合作,促进国内供给侧结构性改革和带动国内相关产业的技术提升和设备优化。

绿色额外成本分摊、绿色收益分享机制是以绿色技术投资作为切入点,将绿色技术投资企业和上下游企业看成是一个利益整体,通过绿色技术投资企业将相关要素(包括对设备、原料、能源供应的绿色化、绿色额外成本和绿色收益的分配)传导和延伸到上下游相关配套企业,这种机制所具有系统性和整体性的特征突

破了传统绿色投资供应企业、生产企业"碎片化"的关系,其运行机制与"一带一路"倡议中以绿色投资带动装备制造业的绿色化路径是一致的,为绿色"一带一路"的推进提供有效的手段。中国在"一带一路"投资的企业普遍承揽国际项目能力不足,企业国际化基础薄弱,信息不畅沟通渠道少,缺乏配套公共服务和资金支持机制等①。在"走出去"的过程中,该机制的实施可以推动"走出去"企业以绿色技术投资为核心,由生产企业、上下游相关配套企业组成企业联盟,通过组成多元化的联合体,"抱团出海"。这种模式可以让联盟企业形成优势互补,降低单个企业"走出去"的风险,实现合作共赢。同时可以以绿色技术投资为契机,带动上下游装备制造业"走出去"。

加强绿色金融对实施"一带一路"绿色技术投资企业联盟的支持。绿色技术投资额外成本分摊、绿色收益分享机制需要通过建立绿色技术投资企业联盟来实践。从协同发展的角度,通过产业的联动和企业的合作来解决绿色技术投资成本高的问题,提高绿色技术投资供应链上各节点企业在市场上的竞争力,是企业降低成本,提高单个企业运转效率的手段。要改变现有绿色金融对绿色技术投资中不同生产环节中单个企业的支持模式,逐渐走向

① 班娟娟:《环保企业超六成订单在"一带一路",6.3万亿市场待挖掘》,《经济参考报》2017年10月17日。

围绕绿色技术投资联盟服务的金融产品和融资模式。对绿色技术投资企业联盟生产中的整体环境效益、整体投资成本、投资收益、绿色额外成本、绿色收益核算和分配进行评估,以实现绿色产品全生命周期环境友好和整体收益为目标,将绿色金融服务在绿色投资企业联盟全面展开,这样可以将单个企业不可控的环境、经济风险转化为供应链整体可控的风险。通过这种模式,一方面可以解决数量庞大的中小型企业开展绿色升级改造所面临的资金困难,另一方面可以改善绿色金融对于单个环节绿色技术投资项目经济回报不足的窘境,使绿色金融资金的外部性特征得到改善。

后　记

　　绿色发展是中国经济转型的需要,也是"一带一路"国家可持续发展的需要。绿色技术投资是推动绿色发展的核心。绿色金融作为一种创新性的制度安排,在引导资本投入绿色行业和企业遵循绿色投资原则具有十分重要的作用。中国政府已经颁布了一系列指导意见和政策来建立绿色金融体系,以引导金融机构和企业投资绿色项目。绿色基金、绿色信贷、绿色债券、绿色保险、生态权益金融、碳金融等绿色金融机制的发展也正在为绿色投资提供了多渠道的融资途径。绿色金融正在成为"一带一路"绿色投资的"催化剂"和"风险保障机制",为"一带一路"绿色投资提供资金保障和帮助降低中国企业的投资及运营风险。

　　当前,多边开发机构和各国金融机构越来越重视投融资的环保责任和社会责任,将投资活动的环境影响和环境保护作为可行性评估和风险管理体系的重要组成部分。以世界银行、亚洲基础设施投资银行、丝路基金、亚洲开发银行、金砖国家新开发银行等为代表的国际金融机构强调的绿色投资正在越来越多地深入到亚洲多个发展中国家的金融领域。2016 年 9 月在中国的倡导下,绿色金融的国际合作首次纳入 G20 重要议程。2017 年 5 月在"一带一路"国际合作高峰论坛上,中国财政部与世界银行集团、亚洲开发银行等六家多边开发金融机构签署谅解备忘录,加强在"一带一路"倡议下相关领域的合作。绿色金融是中国与国际多边银行、各国金融机构合作的一个切入点,绿色金融的国际合作是建设绿色"一带一路"和促进"一带一路"沿线国家可持续发展不可缺少的一个融资机制。

　　然而绿色融资与企业绿色投资的融合仍然存在许多障碍,《G20 绿色金融综合报告》指出主要的障碍是[1]:第一,环境的外部性没有内生化。绿色项目往往是投资成本高、风险高,而其产生的环境效益又没有完全以货币的形式反映在投资收益里,这使得绿

---

[1]　G20 绿色金融研究小组:《G20 绿色金融综合报告》,2016 年 9 月 5 日。

色项目的投资收益率达不到市场的预期;第二,绿色项目与资金来源的期限不匹配,银行很难为长期绿色投资项目提供大量的信贷;第三,在许多国家和市场,缺乏对绿色金融活动和产品的明确定义;第四,金融部门和企业之间信息不对称、需求不匹配,使有绿色偏好的资金也难以找到绿色项目,同时有绿色项目找不到合适的投资(如小规模的绿色项目仍然面临融资难的问题);第五,金融投资者的绿色分析能力不足,许多投资者也没有能力判断哪些企业是"深绿"的,哪些是"浅绿"的,缺乏这些分析能力会阻碍金融机构向绿色产业配置资源。

鉴于绿色金融发展过程中存在的问题和"一带一路"绿色建设的需要,人大重阳提出了"一带一路"绿色投资的研究课题,由亚洲开发银行支持课题的执行。课题旨在建立"一带一路"项目的绿色投资评估方法和解决绿色技术投资的障碍,以此来促进绿色金融和绿色投资的融合,帮助中国企业降低在"一带一路"投资的环境风险,推动"一带一路"的绿色技术投资,扩大绿色金融的国际合作。

本书是"一带一路"绿色投资课题阶段性成果的一部分,凝聚了课题组成员的智慧。本书的研究和写作得到了人大重阳王文院长的大力支持,亚洲开发银行翟永平和吕学都老师的指导,和人大重阳曹明弟老师的帮助;创绿研究院参与了研究,清华大学能源与环境研究所徐王睿参与了资料整理和研究。本书的写作和研究过程中还得到了包括亚洲开发银行北京代表处王艺鸿、北京大学新结构经济学研究中心于佳、丝路基金廖紫薇等的支持,作者在此一并感谢!

　　本书提出了建立的绿色额外成本分摊和收益分享机制的思路,但由于时间的约束和资料的可获得性,相关的研究、案例分析、实施建议等还需要进一步拓展和细化,后续我们将会继续"一带一路"绿色投资的课题研究,在研究中不断完善。

责任编辑:曹　春　李琳娜
封面设计:汪　莹
责任校对:吕　飞

图书在版编目(CIP)数据

"一带一路"投资绿色成本与收益核算/莫凌水　主编. —北京:
　人民出版社,2018.4
ISBN 978 - 7 - 01 - 019086 - 0

Ⅰ.①一… 　Ⅱ.①莫… 　Ⅲ.①国际投资-研究 　Ⅳ.①F831.6

中国版本图书馆 CIP 数据核字(2018)第 050522 号

"一带一路"投资绿色成本与收益核算
YIDAIYILU TOUZI LÜSE CHENGBEN YU SHOUYI HESUAN

王文　翟永平　丛书主编　曹明弟　执行主编　莫凌水　主编

人民出版社 出版发行
(100706　北京市东城区隆福寺街 99 号)

北京汇林印务有限公司印刷　新华书店经销

2018 年 4 月第 1 版　2018 年 4 月北京第 1 次印刷
开本:710 毫米×1000 毫米 1/16　印张:10.75
字数:100 千字

ISBN 978 - 7 - 01 - 019086 - 0　定价:45.00 元

邮购地址 100706　北京市东城区隆福寺街 99 号
人民东方图书销售中心　电话 (010)65250042　65289539

王文，中国人民大学重阳金融研究院执行院长，兼任中国金融学会绿色金融专业委员会秘书长、国务院参事室金融研究中心研究员等。主要著作包括《看好中国：一位智库学者的全球演讲》《伐谋：中国智库影响世界之道》《美国的焦虑》等。曾获"2014中国十大智库人物""2015中国发展改革领军人物"、2016影响中国年度智库、2017中宣部"四个一批"人才等荣誉，2016年习近平总书记主持哲学社会科学工作座谈会，王文是十位发言学者之一。

翟永平，亚洲开发银行能源部门总监，兼任中国能源研究会能源经济专业委员会副主任委员、中国人民大学重阳金融研究院客座研究员。1989年在泰国曼谷亚洲理工学院能源技术系担任助理教授。1993年起进入国际金融机构工作，先后在非洲发展银行、亚洲开发银行工作。

曹明弟，高级经济师，中国人民大学重阳金融研究院绿色金融部副主任、中国人民大学生态金融研究中心研究员。曾从事七年循环经济、节能减排、绿色产业发展等相关政策研究、方案制定等管理咨询工作。2015年借调到中国人民银行协助筹建中国金融学会绿色金融专业委员会（简称"绿金委"），推动建立绿金委日常运营工作。

参与编著《构建中国绿色金融体系》《生态金融的发展与未来》《绿色金融与"一带一路"》等书。

莫凌水，高级经济师，亚洲开发银行能源和气候变化顾问，致力于碳市场、低碳技术融资和转让、低碳城市发展的研究和实施，发表过多篇关于碳市场和碳市场链接、低碳技术融资和转让的文章，参与了多本书籍的编写工作。曾在政府部门工作12年，参与制定经济和社会发展规划、产业政策、区域规划、重大项目规划，负责制定城市基础设施投资规划和城市基础设施项目评估和审批等工作。

中国人民大学重阳金融研究院图书出版系列

一、智库作品系列

马中、周月秋、王文主编:《中国绿色金融发展报告 2017》,中国金融出版社 2018 年版

郭业洲主编;金鑫、王文执行主编:《"一带一路"民心相通》,人民出版社 2018 年版

王文:《看好中国:一位智库学者的全球演讲》,人民出版社 2017 年版

何亚非:《风云激荡的世界》,人民出版社 2017 年版

刘伟主编:《读懂"一带一路"蓝图》,商务印书馆 2017 年版

王文、刘英:《金砖国家:新全球化发动机》,新世界出版社 2017 年版

费伊楠、人大重阳:《全球治理新格局——G20 的中国贡献与未来展望》,新世界出版社
2017 年版

刘伟主编:《"一带一路"故事系列丛书》(7 本 6 大语种),外文出版社 2017 年版

何伟文:《世界新平庸　中国新思虑》,科学出版社 2017 年版

王义桅:《一带一路:中国崛起的天下担当》,人民出版社 2017 年版

刘戈:《在危机中崛起:美国如何实现经济转型》,中信出版集团 2017 年版

中国人民大学重阳金融研究院、中国人民大学生态金融研究中心:《绿色金融与"一带
一路"》,中国金融出版社 2017 年版

中国人民大学重阳金融研究院:《破解中国经济十大难题》,人民出版社 2017 年版

王文:《伐谋:中国智库影响世界之道》,人民出版社 2016 年版

王文、贾晋京编著:《人民币为什么行》,中信出版集团 2016 年版

中国人民大学重阳金融研究院:《中国—G20》(大型画册),五洲传播出版社 2016 年版

中国人民大学重阳金融研究院:《G20 问与答》,五洲传播出版社 2016 年版

辛本健编著:《全球治理的中国方案》,机械工业出版社 2016 年版

中国人民大学重阳金融研究院:《"一带一路"国际贸易支点城市研究》(英文版),新世
界出版社 2016 年版

中国人民大学重阳金融研究院:《2016:G20 与中国》(英文版),新世界出版社 2016
年版

王义桅:《世界是通的——"一带一路"的逻辑》,商务印书馆 2016 年版

罗思义:《一盘大棋——中国新命运的解析》,江苏凤凰文艺出版社 2016 年版

王文:《美国的焦虑:一位智库学者调研美国手记》,人民出版社 2016 年版

中国人民大学重阳金融研究院:《2016:G20 与中国》,中信出版集团 2016 年版

中国人民大学重阳金融研究院主编:《"一带一路"国际贸易新格局:"一带一路"智库
研究蓝皮书(2015—2016)》,中信出版集团 2016 年版

中国人民大学重阳金融研究院主编:《G20 与全球治理:G20 智库蓝皮书(2015—
2016)》,中信出版集团 2015 年版

中国人民大学重阳金融研究院：《"一带一路"国际贸易支点城市研究》，中信出版集团2015年版

黑尔佳·策普-拉鲁什、威廉·琼斯主编：《从丝绸之路到欧亚大陆桥》，江苏人民出版社2015年版

王永昌主编：《财富新时代——如何激活百姓的钱》，中国经济出版社2015年版

陈雨露主编：《生态金融的发展与未来》，人民出版社2015年版

绿色金融工作小组：《构建中国绿色金融体系》，中国金融出版社2015年版

王义桅：《"一带一路"：机遇与挑战》，人民出版社2015年版

庞中英：《重塑全球治理——关于全球治理的理论与实践》，中国经济出版社2015年版

徐以升：《金融制裁——美国新型全球不对称权力》，中国经济出版社2015年版

陈雨露主编：《大金融与综合增长的世界——G20智库蓝皮书2014—2015》，中国经济出版社2014年版

中国人民大学重阳金融研究院主编：《欧亚时代——丝绸之路经济带研究蓝皮书2014—2015》，中国经济出版社2014年版

中国人民大学重阳金融研究院主编：《重新发现中国优势》，中国经济出版社2014年版

中国人民大学重阳金融研究院主编：《谁来治理新世界——关于G20的现状与未来》，社会科学文献出版社2014年版

二、学术作品系列

张燕玲：《商业保理发展指南》，中国金融出版社2017年版

郑志刚：《从万科到阿里——分散股权时代的公司治理》，北京大学出版社2017年版

中国人民大学重阳金融研究院：《金融杠杆与宏观经济：全球经验及对中国的启示》，中国金融出版社2017年版

马勇：《DSGE宏观金融建模及政策模拟分析》，中国金融出版社2017年版

朱澄：《金融杠杆水平的适度性研究》，中国金融出版社2016年版

马勇：《金融监管与宏观审慎》，中国金融出版社2016年版

庄毓敏、陆华强、黄隽主编：《中国艺术品金融2015年度研究报告》，中国金融出版社2016年版

三、金融下午茶系列

董希淼：《有趣的金融》，中信出版集团2016年版

刘志勤：《插嘴集》，九州出版社2016年版

刘志勤：《多嘴集》，九州出版社2014年版

中国人民大学重阳金融研究院主编：《金融是杯下午茶》，东方出版社2014年版